S0-CMR-491

Mandarin
Chinese

FALL RIVER PRESS

New York

FALL RIVER PRESS

New York

An Imprint of Sterling Publishing Co., Inc.
1166 Avenue of the Americas
New York, NY 10036

ISBN 978-1-4351-6758-2

Distributed in Canada by Sterling Publishing
c/o Canadian Manda Group, 664 Annette Street,
Toronto, Ontario M6S 2C8, Canada

Distributed in the United Kingdom by
GMC Distribution Services
Castle Place, 166 High Street, Lewes,
East Sussex BN7 1XU, England

Distributed in Australia by NewSouth Books
45 Beach Street, Coogee, NSW 2034, Australia

For information about custom editions, special sales,
and premium and corporate purchases, please contact
Sterling Special Sales at 800-805-5489 or specialsales@
sterlingpublishing.com.

Manufactured in Canada

2 4 6 8 10 9 7 5 3 1

sterlingpublishing.com

Contents

1 Starting from *Nǐ hǎo*

Greetings

Good morning.
Zǎoshàng hǎo.
早上好。
Dzaow shahng how.

Good afternoon.
Xiàwǔ hǎo.
下午好。
Shyah woo how.

Good evening.
Wǎnshàng hǎo.
晚上好。
Wahn shahng how.

Hello.
Nǐ hǎo.
你好。
Nee how.

Hi/Hey.
Hāi/Hēi.
嗨/嘿。
Hi/Hey.

What's up?
Zěnme yàng?
怎么样?
Dzumma yahng?

Nothing much.
Méishénme.
没什么。
May shumma.

~~~~~~

How are you?/How's it going?
Nǐ hǎo ma?/Zěnme yàng?
你好吗?/怎么样?
Nee how ma?/Dzumma yahng?

Great.
Fēicháng hǎo.
非常好。
Fay chahng how.

Well/fine.
Hǎo.
好。
How.

Okay.
Hái hǎo.
还好。
Hi how.

Not so great.
Bútài hǎo.
不太好。
Boo tye how.

So so.
Mǎmǎ hūhū.
马马虎虎。
Ma ma hoo hoo.

I'm really tired.
Wǒ zhēn lèi.
我真累。
Waw juhn lay.

I'm hung over.
Wǒ hē yūnle.
我喝晕了。
Waw huh yewn luh.

I'm broke. Can I borrow some money?
Wǒ méi qián le. Wǒ kěyǐ jiè diǎn'er qián ma?
我没钱了。我可以借点儿钱吗?
Waw may chyan luh. Waw kuh yee jyeh dyar chyan ma?

How is your family?
Nǐde jiārén zěnme yàng?
你的家人怎么样?
Nee duh jya run dzummah yahng?

How are your wife/husband and kids?
Nǐde qīzi/zhàngfu hé háizi zěnme yàng?
你的妻子/丈夫和孩子怎么样?
Nee duh chee dzuh/jahng foo huh hye dzuh dzumma yahng?

Great, thanks. And you?
Hěn hǎo, xièxiè. Nǐ ne?
很好,谢谢。你呢?
Hun how, shyeh shyeh. Nee nuh?

Goodbyes

Goodbye.
Zàijiàn.
再见。
Dzye jyan.

Bye.
Bàibài.
拜拜。
By by.

See you soon.
Yīhuǐ'er jiàn.
一会儿见。
Ee hwahr jyan.

See you later.
Huítóu jiàn.
回头见。
Hway toe jyan.

See you in the morning.
Zǎoshàng jiàn.
早上见。
Dzao shahng jyan.

Have a nice day.
Zhù nǐ jīntiān kuàilè.
祝你今天快乐。
Joo nee jeen tyan kwye luh.

Have a great time.
Wán de kāixīn.
玩得开心。
Wahn duh kye sheen.

Have a nice life.
Nǐ hǎozìwèizhī ba.
你好自为之吧。
Nee how dzuh way jir ba.

Good night.
Wǎn'ān.
晚安。
Wahn ahn.

Sleep well.
Shuì ge hǎo jiào.
睡个好觉。
Shway guh how jyaow.

Sweet dreams.
Zuò ge hǎo mèng.
做个好梦。
Dzwaw guh how mung.

Introductions

What's your name?
Nǐ jiào shénme míngzi?
你叫什么名字？
Nee jyaow shumma meeng dzuh?

My name is _____.
Wǒde míngzi shì _____.
我的名字是 _____。
Waw duh meeng dzuh shir _____.

My friends call me _____.
Wǒde péngyǒumen dōu jiào wǒ _____.
我的朋友们都叫我 _____。
Waw duh pung yo mun doe jyaow waw _____.

Pleased to meet you.
Hěn gāoxìng rènshi nǐ.
很高兴认识你。
Hun gaow sheeng run shir nee.

I've heard so much about you.
Wǒ zǎo jiù tīngshuō guò nǐ.
我早就听说过你。
Waw dzaow jyo teeng shwaw gwaw nee.

It was nice to meet you.
Hěn gāoxìng jiàndào nǐ.
很高兴见到你。
Hun gaow sheeng jyan daow nee.

I love your shoes.
Wǒ fēicháng xǐhuān nǐde xiézi.
我非常喜欢你的鞋子。
Waw fay chahng she hwahn nee duh shyeh dzuh.

I'd like you to meet _____.

Wǒ yào gěi nǐ jièshào _____.

我要给你介绍————。

Waw yaow gay nee jyeh shaow _____.

He's/She's my friend.

Tā shì wǒde péngyǒu.

他/她是我的朋友.

Ta shir waw duh pung yo.

He's/She's from _____.

Tā shì _____ láide.

他/她是———— 来的。

Ta shir _____ lye duh.

He's/She's a friend of _____.

Tā shì _____ de péngyǒu.

他/她是 ———— 的朋友。

Ta shir _____ duh pung yo.

He's/She's in town for _____ days.

Tā zài zhèlǐ dāi _____ tiān.

他/她在这里待 ———— 天。

Ta dzye juh lee dye _____ tyan.

Do you speak English?

Nǐ huì shuō Yīngyǔ ma?

你会说英语吗?

Nee hway shwaw Eeng yew ma?

Your English is great!

Nǐde Yīngyǔ hěn bàng!

你的英语很棒!

Nee duh Eeng yew hun bahng!

I speak only a little [Chinese].

Wǒ zhǐ huì shuō yīdiǎn [Zhōngwén].

我只会说一点 [中文]。

Waw jir hway shwaw ee dyan [Joong wun].

Getting Help

Can you help me, please?
Nǐ néng bāng wǒ ma?
你能帮我吗?
Nee nung bahng waw ma?

Can you do me a favor?
Nǐ kěyǐ bāng wǒ ge máng ma?
你可以帮我个忙吗?
Nee kuh yee bahng waw guh mahng ma?

Can you spare some change?
Nǐ kěyǐ gěi wǒ diǎn língqián ma?
你可以给我点零钱吗?
Nee kuh yee gay waw dyan leeng chyan ma?

Would you mind ...
Nín jièyì ...
您介意 …
Neen jyeh ee ...

> **watching my bag?**
> kàn yīxià wǒde bāo ma?
> 看一下我的包吗?
> *kahn ee shyah waw duh baow ma?*

> **saving my seat?**
> gěi wǒ zhàn wèizi ma?
> 给我占位子吗?
> *gay waw jahn way dzuh ma?*

> **spreading this suntan lotion on my back?**
> zài wǒ de bèi shàng tú fángshài shuāng ma?
> 在我的背上涂防晒霜吗?
> *dzye waw duh bay shahng too fahng shy shwahng ma?*

Pleasantries

Thank you.
Xièxiè.
谢谢。
Shyeh shyeh.

I really appreciate it.
Wǒ fēicháng gǎnjī.
我非常感激。
Waw fay chahng gahn jee.

You're welcome.
Bié kèqi.
别客气。
Byeh kuh chee.

Don't mention it./It's nothing.
Méishénme.
没什么。
May shumma.

Excuse me./Sorry.
Duìbùqǐ.
对不起。
Dway boo chee.

Can you ever forgive me?
Nǐ néng yuánliàng wǒ ma?
你能原谅我吗?
Nee nung ywan lyahng waw ma?

Asking

Who?	Sheí?	谁?	*Shay?*
What?	Shénme?	什么?	*Shumma?*
When?	Shénme shíhòu?	什么时候?	*Shumma shir ho?*
Where?	Zài nǎ'er?	在哪儿?	*Dzye nahr?*

Why?	Wèishénme?	为什么？	*Way shumma?*
Which?	Nǎ yīgè?	哪一个？	*Nah ee guh?*
How?	Zěnme?	怎么？	*Dzumma?*
How much?	Duōshǎo?	多少？	*Dwaw shaow?*
How many?	Jǐge?	几个？	*Jee guh?*

Answering

Yes.	Shì.	是。	*Shir.*
No.	Búshì.	不是。	*Boo shir.*
Maybe.	Yěxǔ.	也许。	*Yeh shyew.*

Numbers

0	líng	零	*leeng*
1	yī	一	*ee*
2	èr	二	*are*
3	sān	三	*sahn*
4	sì	四	*suh*
5	wǔ	五	*woo*
6	liù	六	*lyo*
7	qī	七	*chee*
8	bā	八	*ba*
9	jiǔ	九	*jyo*
10	shí	十	*shir*
11	shíyī	十一	*shir ee*
12	shí'èr	十二	*shir are*
13	shísān	十三	*shir sahn*
14	shísì	十四	*shir suh*

1

15	shíwǔ	十五	shir woo
16	shíliù	十六	shir lyo
17	shíqī	十七	shir chee
18	shíbā	十八	shir ba
19	shíjiǔ	十九	shir jyo
20	èrshí	二十	are shir
21	èrshíyī	二十一	are shir ee
22	èrshí'èr	二十二	are shir are
30	sānshí	三十	sahn shir
40	sìshí	四十	suh shir
50	wǔshí	五十	woo shir
60	liùshí	六十	lyo shir
70	qīshí	七十	chee shir
80	bāshí	八十	ba shir
90	jiǔshí	九十	jyo shir
100	yībǎi	一百	ee bye
200	èrbǎi	二百	are bye
500	wǔbǎi	五百	woo bye
1,000	yìqiān	一千	ee chyan
10,000	yīwàn	一万	ee wahn
100,000	shíwàn	十万	shir wahn
1,000,000	yībǎi wàn	一百万	ee bye wahn

first	dì yī	第一	dee ee
second	dì èr	第二	dee are
third	dì sān	第三	dee sahn
fourth	dì sì	第四	dee suh
fifth	dì wǔ	第五	dee woo
sixth	dì liù	第六	dee lyo

seventh	dì qī	第七	dee chee
eighth	dì bā	第八	dee ba
ninth	dì jiǔ	第九	dee jyo
tenth	dì shí	第十	dee sher
one-half/ a half	yíbàn	一半	ee bahn
one-third/ a third	sān fēn zhī yī	三分之一	sahn fun jir ee
one-fourth/ a quarter	sì fēn zhī yī	四分之一	suh fun jir ee

How old are you?
Nǐ jǐ suì?
你几岁?
Nee jee sway?

I'm [23] years old.
Wǒ [èrshísān] suì.
我[二十三]岁。
Waw [are shir sahn] sway.

How much does this cost?
Zhège duōshǎo qián?
这个多少钱?
Jay guh dwaw shaow chyan?

It costs [27] yuan.
Zhège [èrshíqī] yuán.
这个[二十七]元。
Jay guh [are shir chee] ywan.

Colors

white	bái sè	白色	bye suh
pink	fěnhóng sè	粉红色	fun hoong suh
purple	zǐ sè	紫色	dzuh suh
red	hóng sè	红色	hoong suh

orange	chéng sè	橙色	*chung suh*
yellow	huáng sè	黄色	*hwahng suh*
green	lǜ sè	绿色	*lyew suh*
blue	lán sè	蓝色	*lahn suh*
brown	zōng sè	棕色	*dzoong suh*
gray	huī sè	灰色	*hway suh*
black	hēi sè	黑色	*hay suh*

Months and Seasons

January	Yī yuè	一月	*Ee yweh*
February	Èr yuè	二月	*Are yweh*
March	Sān yuè	三月	*Sahn yweh*
April	Sì yuè	四月	*Suh yweh*
May	Wǔ yuè	五月	*Woo yweh*
June	Liù yuè	六月	*Lyo yweh*
July	Qī yuè	七月	*Chee yweh*
August	Bā yuè	八月	*Ba yweh*
September	Jiǔ yuè	九月	*Jyo yweh*
October	Shí yuè	十月	*Shir yweh*
November	Shíyī yuè	十一月	*Shir ee yweh*
December	Shí'èr yuè	十二月	*Shir are yweh*

spring	chūntiān	春天	*chwun tyan*
summer	xiàtiān	夏天	*shyah tyan*
fall/autumn	qiūtiān	秋天	*chyo tyan*
winter	dōngtiān	冬天	*doong tyan*

~~~~~~~~~~~~~~~~

[two] months ago
[liǎngge] yuè yǐqián
[两个]月以前
[lyang guh] yweh ee chyan

last month
shàngge yuè
上个月
shahng guh yweh

this month
zhège yuè
这个月
jay guh yweh

next month
xiàge yuè
下个月
shyah guh yweh

in [two] months
[liǎngge] yuè zhī hòu
[两个] 月之后
[lyahng guh] yweh jir ho

[two] years ago
[liǎng] nián qián
[两] 年前
[lyahng] nyan chyan

last year
qùnián
去年
chyew nyan

this year
jīnnián
今年
jin nyan

next year
míngnián
明年
meeng nyan

in [two] years
[liǎng] nián zhī hòu
[两]年之后
[lyahng] nyan jir ho

Days and Weeks

Monday	Xīngqi yī	星期一	*sheeng chee ee*
Tuesday	Xīngqi 'èr	星期二	*sheeng chee are*
Wednesday	Xīngqi sān	星期三	*sheeng chee sahn*
Thursday	Xīngqi sì	星期四	*sheeng chee suh*
Friday	Xīngqi wǔ	星期五	*sheeng chee woo*
Saturday	Xīngqi liù	星期六	*sheeng chee lyo*
Sunday	Xīngqi tiān	星期天	*sheeng chee tyan*

[three] days ago
[sān] tiān yǐqián
三天以前
[sahn] tyan ee chyan

the day before yesterday
qiántiān
前天
chyan tyan

yesterday
zuótiān
昨天
dzwaw tyan

today
jīntiān
今天
jeen tyan

tomorrow
míngtiān
明天
meeng tyan

the day after tomorrow
hòutiān
后天
ho tyan

in [three] days
[sān] tiān zhī hòu
[三]天之后
[sah] tyan jir ho

weekend
zhōumò
周末
joe maw

last [Monday]
shàngge [Xīngqi yī]
上个[星期一]
shahng guh [Sheeng chee ee]

this [Monday]
zhège [Xīngqi yī]
这个[星期一]
jay guh [Sheeng chee ee]

next [Monday]
xiàge [Xīngqi yī]
下个[星期一]
shyah guh [Sheeng chee ee]

What day of the week is it?
Jīntiān xīngqi jǐ?
今天星期几?
Jin tyan sheeng chee jee?

What's today's date?

Jīntiān jǐ hào?

今天几号?

Jin tyan jee haow?

It's [September 16th].

Jīntiān [jiǔ yuè shíliù] hào.

今天 [九月十六] 号。

Jin tyan [jyo yweh shir lyo] haow.

Today is the [16th].

Jīntiān [shíliù] hào.

今天是 [十六] 号。

Jin tyan [shir lyo] haow.

[two] weeks ago

[liǎngge] xīngqi yǐqián

[两个] 星期以前

[lyahng guh] sheeng chee ee chyan

last week

shàngge xīngqi

上个星期

shahng guh sheeng chee

this week

zhège xīngqi

这个星期

jay guh sheeng chee

next week

xiàge xīngqi

下个星期

shyah guh sheeng chee

in [two] weeks

[liǎngge] xīngqi zhī hòu

[两个] 星期之后

[lyahng guh] sheeng chee jir ho

Telling Time

Excuse me, what time is it?
Qǐngwèn, xiànzài jǐ diǎnle?
请问，现在几点了？
Cheeng wun, shyan dzye jee dyan luh?

[It's] now ...
Xiànzài ...
现在 。。。
Shyan dzye ...

9:00 [in the morning].
[zǎoshàng] jiǔ diǎn zhōng.
[早上] 九点钟。
[dzaow shahng] jyo dyan joong.

noon.
zhōngwǔ.
中午。
joong woo.

3:00 [in the afternoon].
[xiàwǔ] sān diǎn zhōng.
[下午] 三点钟。
[shyah woo] sahn dyan joong.

7:00 [in the evening].
[wǎnshàng] qī diǎn zhōng.
[晚上] 七点钟。
[wahn shahng] chee dyan joong.

10:00 [at night].
[wǎnshàng] shí diǎn zhōng.
[晚上] 十点钟。
[wahn shahng] shir dyan joong.

midnight.
bànyè.
半夜。
bahn yeh.

2:00 [in the morning].
[língchén] liǎng diǎn zhōng.
凌晨两点钟。
[leeng chun] lyahng dyan joong.

4:00.
sì diǎn zhōng.
四点钟。
suh dyan joong.

4:10.
sì diǎn shí fēn.
四点十分。
suh dyan shir fun.

4:15 (quarter past 4).
sì diǎn yī kè.
四点一刻。
suh dyan ee kuh.

4:20.
sì diǎn èrshí fēn.
四点二十分。
suh dyan are shir fun.

4:30 (half past 4).
sì diǎn bàn.
四点半。
suh dyan bahn.

4:45 (quarter to 5).
wǔ diǎn chà yīkè.
五点差一刻。
woo dyan chah ee kuh.

4:50 (ten to 5).
wǔ diǎn chà shífēn.
五点差十分。
woo dyan chah shir fun.

morning.
zǎoshàng.
早上。
dzaow shahng.

day.
bái tiān.
白天。
bye tyan.

afternoon.
xiàwǔ.
下午。
shyah woo.

evening.
wǎnshàng.
晚上。
wahn shahng.

night.
yèwǎn.
夜晚。
yeh wahn.

two nights ago.
liǎngge wǎnshàng yǐqián.
两个晚上以前。
lyahng guh wahn shahng ee chyan.

last night.
zuótiān wǎnshàng.
昨天晚上。
dzwaw tyan wahn shahng.

tonight.
jīntiān wǎnshàng.
今天晚上。
jeen tyan wahn shahng.

tomorrow night.
míngtiān wǎnshàng.
明天晚上。
meeng tyan wahn shahng

the morning after.
zhīhòu de zǎochén.
之后的早晨。
jir ho duh dzaow chun.

How long will it take?
Zhè xūyào duō cháng shíjiān?
这需要多长时间?
Jay shyew yaow dwaw chahng shir jyan?

An hour.
Yíge xiǎoshí.
一个小时。
Ee guh shyaow shir.

Two hours.
Liǎngge xiǎoshí.
两个小时。
Lyahng guh shyaow shir.

Half an hour.
Bànge xiǎoshí.
半个小时。
Bahn guh shyaow shir.

Ten minutes.
Shí fēnzhōng.
十分钟。
Shir fun joong.

before	yǐqián	以前	*ee chyan*
after	yǐhòu	以后	*ee ho*
during	qī jiān	期间	*chee jyan*

[two] hours ago
[liǎngge] xiǎoshí yǐqián
[两个] 小时以前
[lyahng guh] shyaow shir ee chyan

[two] hours later
[liǎngge] xiǎoshí yǐhòu
[两个] 小时以后
[lyahng guh] shyaow shir ee ho

See you _____.
_____ jiàn.
_____ 见。
_____ *jyan.*

tomorrow morning.
Míngtiān zǎoshang
明天早上
Meeng tyan dzaow shahng

[Tuesday] night.
[Xīngqī'èr] wǎnshàng
[星期二] 晚上
[Sheeng chee are] wahn shahng

every day	měitiān	每天	*may tyan*
forever	yǒngyuǎn	永远	*yoong ywan*
always	zǒngshì	总是	*dzoong shir*
sometimes	yǒu de shíhòu	有的 时候	*yo duh shir ho*
never	jué bù	决不	*jyweh boo*

2 Getting There

Tickets

a ... ticket
yìzhāng ... piào
一张 … 票
ee jahng ... pyaow

one-way	dānchéng	单程	*dahn chung*
round-trip	wǎngfǎn	往返	*wahng fahn*
student	xuéshēng	学生	*shyweh shung*
cheap	piányì de	便宜的	*pyan yee duh*
economy/ coach class	jīngji cāng	经济舱	*jeeng jee tsahng*
business class	shāngwù cāng	商务舱	*shahng woo tsahng*
first class	tóuděng cāng	头等舱	*toe dung tsahng*

ticket counter
shòupiào chù
售票处
show pyaow choo

discount
zhékòu
折扣
juh ko

I'd like a one-way ticket to [Beijing], please.

Wǒ xiǎng yào yìzhāng qù [Běijīng] de dānchéng piào.

我想要一张去 [北京] 的单程票。

Waw shyahng yaow ee jahng chyew [Bay jeeng] duh dahn chung pyaow.

~~~~~~~~~~~~~~~~~~~~~~~~~~~~~~~~~~~~

I need to ...

Wǒ xūyào ...

我需要 ...

Waw shyew yaow ...

> **change my ticket.**
>
> huàn wǒde piào.
>
> 换我的票。
>
> *hwan waw duh pyaow.*

> **return my ticket.**
>
> tuì wǒde piào.
>
> 退我的票。
>
> *tway waw duh pyaow.*

I lost my ticket.

Wǒ bǎ wǒde piào nòng diūle.

我把我的票弄丢了。

Waw ba waw duh pyaow noong dyo luh.

I demand a refund.

Wǒ yāoqiú tuì kuǎn.

我要求退款。

Waw yaow chyo tway kwan.

GETTING THERE

Making Reservations

I'm staying at ...
Wǒ zhù zài ...
我住在 ...
Waw joo dzye ...

a hotel.
yìjiā lǚguǎn.
一家旅馆。
ee jya lyew gwahn.

an inn.
yíge kèzhàn.
一个客栈。
ee guh kuh jahn.

a bed-and-breakfast.
yíge bāo zǎocān jiātíng lǚguǎn.
一个包早餐家庭旅馆。
ee guh baow dzaow tsahn jya teeng lyew gwahn.

a youth hostel.
yíge qīngnián lǚshè.
一个青年旅社。
ee guh cheeng nyan lyew shuh.

a campsite.
yíge yíngdì.
一个营地。
ee guh eeng dee.

by the beach.
hǎitān biān shàng.
海滩边上。
hi tahn byan shahng.

with a friend.
yǔ péngyǒu.
与朋友。
yew pung yo.

with you!
hé nǐ!
和你!
huh nee!

I'd like to reserve a room for _____.
Wǒ xiǎng wèi _____ yù liú yíge fángjiān.
我想为 _____ 预留一个房间。
Waw shyahng way _____ yew lyo ee guh fahng jyan.

one night.
yíge wǎnshàng
一个晚上
ee guh wahn shahng

two nights.
liǎngge wǎnshàng
两个晚上
lyahng guh wahn shahng

three nights.
sānge wǎnshàng
三个晚上
sahng guh wahn shahng

a week.
yíge xīngqī
一个星期
ee guh sheeng chee

one person.
yíge rén
一个人
ee guh run

two people.
liǎngge rén
两个人
lyahng guh run

two girls.
liǎngge nǚde
两个女的
lyahng guh nyew duh

two guys.
liǎngge nánde
两个男的
lyahng guh nahn duh

a couple.
yī duì fūfù
一对夫妇
ee dway foo foo

Do you take credit cards?
Nǐmen shōu búshōu xìnyòngkǎ?
你们收不收信用卡?
Nee men sho boo sho sheen yoong kah?

How much is _____?
_____ duōshǎo qián?
_____ 多少钱?
_____ *dwaw shaow chyan?*

a room
Yíge fángjiān
一个房间
Ee guh fahng jyan

a single room
Yíge dānrén fángjiān
一个单人房间
Ee guh dahn run fahng jyan

a double room
Yíge shuāngrén fángjiān
一个双人房间
Ee guh shwahng run fahng jyan

with a shower
dài línyù de
带淋浴的
dye leen yew duh

with a bathtub
dài yíge yùgāng de
带一个浴缸的
dye ee guh yew gahng duh

with a sink
dài yíge shuǐcáo de
带一个水槽的
dye ee guh shway tsaow de

with a toilet
dài yíge cèsuǒ de
带一个厕所的
dye ee guh tsuh swaw de

with a TV
dài yītái diànshì de
带一台电视的
dye ee tye dyan shir duh

with a refrigerator
dài yītái bīngxiāng de
带一台冰箱的
dye ee tye beeng shyahng duh

with air conditioning
dài kōngtiáo de
带空调的
dye koong tyaow duh

a private room
Yíge sīrén fángjiān
一个私人房间
Ee guh suh run fahng jyan

a shared room
Yíge gòngxiǎng fángjiān
一个共享房间
Ee guh goong shyahng fahng jyan

a bunk bed
Yìzhāng shuāng céng chuáng
一张双层床
Ee jahng shwahng tsung chwahng

an extra bed
Yìzhāng éwài de chuáng
一张额外的床
Ee jahng uh wye duh chwahng

male	nán	男	*nahn*
female	nǚ	女	*nyew*
single-sex	dānxìng	单性	*dahn sheeng*
co-ed	nánnǚ hé zhù	男女合住	*nahn nyew huh joo*

Do you provide _____?
Nǐ tígōng _____ ma?
你提供 _____ 吗?
Nee tee goong _____ ma?

bedding?
qǐnjù
寝具
cheen jyew

sheets?
chuángdān
床单
chwahng dahn

towels?
máojīn
毛巾
maow jeen

toiletries?
xǐshù yòngpǐn
洗漱用品
shee shoo yoong peen

a mini-bar?
kèfángnèi jiǔbā
客房内酒吧
kuh fahng nay jyo ba

Is there a _____?
Yǒu méiyǒu yíge _____?
有没有一个 _____?
Yo may yo ee guh _____?

pool?
yóuyǒngchí?
游泳池?
yo yoong chir?

gym?
tǐyùguǎn?
体育馆?
tee yew gwahn?

kitchen?
chúfáng?
厨房?
choo fahng?

What time is _____?
_____ shì shénme shíhòu?
_____ 是什么时候?
_____ shir shummah shir ho?

check-in?
Rùzhù
入住
Roo joo

checkout?
Tuì fáng
退房
Tway fahng

Can I leave my luggage for the day?
Wǒ kěyǐ bǎ wǒ de xínglǐ zhěng tiān liú zài zhèr ma?
我可以把我的行李整天留在这儿吗？
Waw kuh yee bah waw duh sheeng lee jung tyan lyo dzye jar ma?

Do I need my own lock?
Wǒ xūyào zìjǐ de suǒ ma?
我需要自己的锁吗？
Waw shyew yaow dzuh jee duh swaw ma?

Please give me directions ...
Qǐng nǐ gěi wǒ _____ de zhǐlù.
请你给我 _____ 的指路。
Cheeng nee gay waw _____ duh jir loo.

from the airport.
cóng jīchǎng
从机场
tsoong jee chahng

from the train station.
cóng huǒchē zhàn
从火车站
tsoong hwaw chuh jahn

from the bus station.
cóng qìchē zhàn
从汽车站
tsoong chee chuh jahn

In Transit

I'm traveling ...
Wǒ chéng _____ lǚxíng.
我乘_____旅行。
Waw chung _____ lyew sheeng.

> **by airplane**
> fēijī
> 飞机
> *fay jee*

> **by train**
> huǒchē
> 火车
> *hwaw chuh*

> **by subway**
> dìtiě
> 地铁
> *dee tyeh*

> **by bus**
> gōnggòng qìchē
> 公共汽车
> *goong goong chee chuh*

> **by taxi**
> chūzū chē
> 出租车
> *choo dzoo chuh*

I'm traveling by car.
Wǒ kāichē lǚxíng.
我开车旅行。
Waw kye chuh lyew sheeng.

I'm traveling by bicycle.
Wǒ qí zìxíngchē lǚxíng.
我骑自行车旅行。
Waw chee dzuh sheeng chuh lyew sheeng.

I'm traveling on horseback.
Wǒ qímǎ lǚxíng.

我骑马旅行。

Waw chee ma lyew sheeng.

I'm traveling on foot.
Wǒ túbù lǚxíng.

我徒步旅行。

Waw too boo lyew sheeng.

~~~~~~~~~~~~~~~~~~~~~~~~~~~

I'm traveling with ...
Wǒ hé _____ yīqǐ lǚxíng.

我和 _____ 一起旅行。

Waw huh _____ ee chee lyew sheeng.

friends
péngyǒu

朋友

pung yo

my parents
wǒde fùmǔ

我的父母

waw duh foo moo

my entourage
wǒde suícóng

我的随从

waw duh sway tsoong

~~~~~~~~~~~~~~~~~~~~~~~~~~~

I'm traveling alone.
Wǒ yíge rén lǚxíng.

我一个人旅行。

Waw ee guh run lyew sheeng.

Air Travel

flight
hángbān
航班
hahng bahn

airport
fēijī chǎng
飞机场
fay jee chahng

airline
hángkōng gōngsī
航空公司
hahng koong goong suh

connection
zhōngzhuǎn hángbān
中转航班
joong jwan hahng bahn

layover
tíngliú
停留
teeng lyo

delay
yánchí
延迟
yan chir

ticket
fēijī piào
飞机票
fay jee pyaow

pilot
fēixíngyuán
飞行员
fay sheeng ywan

flight attendant
chéngwùyuán
乘务员
chung woo ywan

Where is/are the ...
_____ zài nǎ'er?
_____在哪儿?
_____*dzye nar?*

check-in counter?
Dēng jī guìtái
登机柜台
Dung jee gway tye

departures?
Chūfā hángbān
出发航班
Choo fah hahng bahn

arrivals?
Dàodá hángbān
到达航班
Daow dah hahng bahn

gate?
Dēng jī kǒu
登机口
Dung jee ko

baggage claim
Xínglǐ rènlǐng qū
行李认领区
Sheeng lee run leeng chyew

bar
Jiǔbā
酒吧
Jyo bah

I'm on flight [101] to [Shanghai].

Wǒ chéng [101] hào hángbān dào [Shànghǎi].

我乘[101]号航班到[上海].

Waw chung [ee leeng ee] haow hahng bahn daow [Sha hng hye].

What time does the flight to [Guilin] leave?

Qù [Guìlín] de hángbān shénme shíhòu chūfā?

去[桂林]的航班什么时候出发?

Chyew [Gway leen] duh hahng bahn shumma shir ho choo fah?

Which gate does it leave from?

Zài nǎ yíge dēngjīkǒu dēngjī?

在哪一个登机口登机?

Dzye nah ee guh dung jee ko dung ji?

I need to check two bags.

Wǒ xū yào tuōyùn liǎng jiàn xínglǐ.

我需要托运两件行李。

Waw shyew yaow twaw yewn lyahng jyan sheeng lee.

I only have carry-on luggage.

Wǒ zhǐ yǒu suíshēn xínglǐ.

我只有随身行李。

Waw jir yo sway shun sheeng lee.

I need a boarding pass.

Wǒ xūyào yìzhāng dēngjī pái.

我需要一张登机牌.

Waw shyew yaow ee jahng dung jee pye.

~~~~~~~~~~~~~~~~~~~~~~~~~~~~

Is the flight ...

Hángbān _____ma?

航班 _____吗?

Hahng bahn _____ ma?

on time?

zhǔnshí

准时

jwun shir

early?
huì zǎodiǎn dàodá
会早点到达
hway dzaow dyan daow da

late?
huì chídào
会迟到
hway chir daow

delayed?
yánchí le
延迟了
yan chir luh

cancelled?
bèi qǔxiāo le
被取消了
bay chyew shyaow luh

~~~~~~~~~~~~~~~~~~~~~~~~~~~~~~~~~~~~

I'm in ...
Wǒ zài ...
我在 ...
Waw dzye ...

first class.
tóuděng cāng.
头等舱。
toe dung tsahng.

business class.
gōngwù cāng.
公务舱。
goong woo tsahng.

economy/coach.
jīngjì cāng.
经济舱。
jeeng jee tsahng.

an aisle seat.
yíge kào guòdào de zuòwèi.
一个靠过道的座位。
ee guh kaow gwaw daow duh dzwaw way.

a window seat.
yíge kào chuāng de wèizi.
一个靠窗的位子。
ee guh kaow chwahng duh way zuh.

the bathroom.
xǐshǒujiān.
洗手间。
she sho jyan.

My luggage is ...
Wǒ de xínglǐ ...
我的行李 …
Waw duh sheeng lee ...

missing.
bújiànle.
不见了。
boo jyan luh.

damaged.
sǔnhuài le.
损坏了。
swun hwye luh.

really heavy.
zhēnde hěn zhòng.
真的很重。
jun duh hun joong.

Train Travel

train
huǒchē
火车
hwaw chuh

tracks
huǒchē guǐdào
火车轨道
hwaw chuh gway daow

baggage locker
xínglǐ jìwùguì
行李寄物柜
sheeng lee jee woo gway

compartment
huǒchē chēxiāng géjiān
火车车厢隔间
hwaw chuh chuh shyahng guh jyan

dining car
cānchē
餐车
tsahn chuh

Where is the train station?
Huǒchē zhàn zài nǎ'er?
火车站在哪儿?
Hwaw chuh jahn dzye nar?

I'm on the [5:00] train to [Suzhou].
Wǒ zhèngzài chéngzuò [wǔ diǎn] de huǒchē qù [Sūzhōu].
我正在乘坐 [5点] 的火车去[苏州]。
Waw jung dzye chung dzwaw [woo dyan] duh hwaw chuh chyew [Soo jo].

What time does the train to [Yunnan] leave?

Qù [Yúnnán] de huǒchē shénme shíhòu chūfā?

去[云南]的火车什么时候出发?

Chyew [Yew nahn] duh hwaw chuh shumma shir ho choo fah?

Which platform does it leave from?

Huǒchē cóng nǎge zhàntái chūfā?

火车从哪个站台出发?

Hwaw chuh tsoong nah guh jahn tye choo fah?

I'd like a ticket in the ...

Wǒ xiǎng mǎi yìzhāng _____ de piào.

我想买一张_____的票。

Waw shyahng my ee jahng _____ duh pyaow.

smoking section.

xīyān qū

吸烟区

shee yan chyew

non-smoking section.

jìnyān qū

禁烟区

jeen yan chyew

overnight train.

guòyè huǒchē

过夜火车

gwaw yeh hwaw chuh

sleeping car.

wòpù chēxiāng

卧铺车厢

waw poo chuh shyahng

I need ...
Wǒ xūyào
我需要 ...
Waw shyew yaow...

some sheets.
yìxiē chuángdān.
一些床单。
ee shyeh chwahng dahn.

a blanket.
yītiáo tǎnzi.
一条毯子。
ee tyaow tahn dzuh.

some pillows.
yìxiē zhěntóu.
一些枕头。
ee shyeh jun toe.

Bus Travel

Where is the bus station?
Gōnggòng qìchē zhàn zài nǎ'er?
公共汽车站在哪儿?
Goong goong chee chuh jahn dzye nar?

Do I need a reservation?
Wǒ xūyào yùdìng ma?
我需要预订吗?
Waw shyew yaow yew deeng ma?

Can you please turn up the heat?
Nǐ néng bùnéng bǎ nuǎnqì tiáo gāo yīdiǎnr?
你能不能把暖气调高一点儿?
Nee nung boo nung ba nwan chee tyaow gaow ee dyar?

Can you please turn down the heat?
Nǐ néng bùnéng bǎ nuǎnqì tiáo dī yīdiǎnr?
你能不能把暖气调低一点儿?
Nee nung boo nung ba nwan chee tyaow dee ee dyar?

Can you please turn up the air conditioning?
Nǐ néng bùnéng bǎ kōngtiáo tiáo gāo yīdiǎnr ?
你能不能把空调调高一点儿？
Nee nung boo nung ba koong tyaow tyaow gaow ee dyar?

Can you please turn off the air conditioning?
Nǐ néng bùnéng bǎ kōngtiáo guān diào?
你能不能把空调关掉？
Nee nung boo nung ba koong tyaow gwan dyaow?

How much longer?
Hái yào duō cháng shíjiān?
还要多长时间？
Hye yaow dwaw chahng shir jyan?

Are we there yet?
Wǒmen yǐjīng dàole ma?
我们已经到了吗？
Waw mun ee jeeng daow luh ma?

Passport and Customs

passport
hùzhào
护照
hoo jaow

visa
qiānzhèng
签证
chyan jung

ID
shēnfèn zhèng
身份证
shun fun jung

driver's license
jiàshǐ zhízhào
驾驶执照
jya shir jir jaow

customs
hǎiguān
海关
hye gwan

declaration form
shēnbào biǎo
申报表
shun baow byaow

I'm traveling on business.
Wǒ shì chūchāi.
我是出差。
Waw shir choo chye.

I'm traveling for pleasure.
Wǒ zhèngzài dùjià.
我正在度假。
Waw jung dzye doo jyah.

I'm an [American] citizen.
Wǒ shì [Měiguó] gōngmín.
我是[美国]公民。
Waw shir [May gwaw] goong meen.

I lost my passport.
Wǒ bǎ wǒ de hùzhào diūle.
我把我的护照丢了。
Waw ba waw duh hoo jaow dyo luh.

I plan to stay ...
Wǒ dǎsuàn ...
我打算...
Waw da swan ...

for [three] days.
dāi [sān] tiān.

呆[三]天.

dye [sahn] tyan.

for [one] month.
dāi [yíge] yuè.

呆 [一个]月.

dye [ee guh] yweh.

until I find what I'm looking for.
liú zài zhè'er yīzhí dào zhǎodào wǒ yào zhǎo de dōngxi.

留在这儿一直到找到我要找的东西。

lyo dzye jar ee jir daow jaow daow waw yaow jaow duh doong shee.

until I clear my name.
liú zài zhè'er yīzhí dào huán wǒ de qīngbái.

留在这儿一直到还我的清白。

lyo dzye jar ee jir daow hwahn waw duh cheeng bye.

forever.
yǒngyuǎn liú zài zhè'er.

永远留在这儿。

yoong ywan lyo dzye jar.

~~~~~~~~~~~~~~~~~~~~~~~~~~~~~~

I'm only passing through.
Wǒ zhǐ shì tújīng zhè'er.

我只是途经这儿。

Wow jir shir too jeeng jar.

I have nothing to declare.
Wǒ méiyǒu shénme yào shēnbào de.

我没有什么要申报的。

Waw mayo shumma yaow shun baow duh.

Countries and Nationalities

America / American
Měiguó / Měiguó rén
美国 / 美国人
May gwaw / May gwaw run

Argentina / Argentine
Āgēntíng / Āgēntíng rén
阿根廷 / 阿根廷人
Ah gun teeng / Ah gun teeng run

Brazil / Brazilian
Bāxī / Bāxī rén
巴西 / 巴西人
Bah shee / Bah shee run

Canada / Canadian
Jiānádà / Jiānádà rén
加拿大人 / 加拿大人
Jya na da / Jya na da run

China / Chinese
Zhōngguó / Zhōngguó rén
中国 / 中国人
Joong gwaw / Joong gwaw run

England / English
Yīngguó / Yīngguó rén
英国 / 英国人
Eeng gwaw / Eeng gwaw run

Egypt / Egyptian
Āijí / Āijí rén
埃及 / 埃及人
Eye jee / Eye jee run

France / French
Fǎguó / Fǎguó rén
法国 / 法国人
Fah gwaw / Fah gwaw run

Germany / German
Déguó / Déguó rén
德国 / 德国人
Duh gwaw / Duh gwaw run

Greece / Greek
Xīlà / Xīlà rén
希腊 / 希腊人
Shee lah / Shee lah run

Italy / Italian
Yìdàlì / Yìdàlì rén
意大利 / 意大利人
Ee dah lee / Ee dah lee run

India / Indian
Yìndù / Yìndù rén
印度 /印度人
Een doo / Een doo run

Israel / Israeli
Yǐsèliè / Yǐsèliè rén
以色列 / 以色列人
Ee suh lyeh / Ee suh lyeh run

Japan / Japanese
Rìběn / Rìběn rén
日本 / 日本人
Ir bun / Ir bun run

Mexico / Mexican
Mòxīgē / Mòxīgē rén
墨西哥 /墨西哥人
Maw shee guh / Maw shee guh run

Morocco / Moroccan
Móluògē / Móluògē rén
摩洛哥 / 摩洛哥人
Maw law guh / Maw law guh run

New Zealand / Kiwi
Xīnxīlán / Míhóutáo
新西兰 / 猕猴桃
Shin shee lahn / Mee ho taow

North Korea / North Korean
Běi Cháoxiǎn / Běi Cháoxiǎn rén
北朝鲜 / 北朝鲜人
Bay Chaow shyan / Bay Chaow shyan run

Portugal / Portuguese
Pútáoyá / Pútáoyá rén
葡萄牙 / 葡萄牙人
Poo taow yah / Poo taow yah run

Russia / Russian
Éguó / Éguó rén
俄国 / 俄国人
Uh gwaw / Uh gwaw run

South Korea / Korean
Hánguó / Hánguó rén
韩国 / 韩国人
Hahn gwaw / Hahn gwaw run

Spain / Spanish
Xībānyá / Xībānyá rén
西班牙 / 西班牙人
Shee bahn yah / Shee bahn yah run

Taiwan / Taiwanese
Táiwān / Táiwān rén
台湾 / 台湾人
Tye wahn / Tye wahn run

Thailand / Thai
Tàiguó / Tàiguó rén
泰国 / 泰国人
Tye gwaw / Tye gwaw run

3 Settling In

Checking In

reception	qiántái	前台	*chyan tye*
check-in	rùzhù	入住	*roo joo*
check-out	tuì fáng	退房	*tway fahng*
deposit	yājīn	押金	*yah jeen*
key	yàoshi	钥匙	*yaow shir*
key card	yàoshi kǎ	钥匙卡	*yaow shir kah*

Do I need a reservation?

Wǒ xūyào yùdìng ma?

我需要预订吗？

Waw shyew yaow yew deeng ma?

I'd like to check in.

Wǒ xiǎng bànlǐ rùzhù shǒuxù.

我想办理入住手续。

Waw shyahng bahn lee roo joo sho shyew.

I have a reservation for tonight.

Wǒ yùdìng le jīn wǎn rùzhù.

我预订了今晚入住。

Waw yew deeng luh jeen wahn roo joo.

Can I change my reservation?

Wǒ kěyǐ gēnggǎi wǒde yùdìng ma?

我可以更改我的预订吗？

Waw kuh yee gung gye waw duh yew deeng ma?

I'd like to cancel my reservation.
Wǒ xiǎng qǔxiāo wǒde yùdìng.
我想取消我的预订。
Waw shyahng chyew shyaow waw duh yew deeng.

Is there an elevator?
Yǒu diàntī ma?
有电梯吗？
Yo dyan tee ma?

Can you please help me with my luggage?
Nǐ néng bāng wǒ ná xínglǐ ma?
你能帮我拿行李吗？
Nee nung bahng waw nah sheeng lee ma?

Can I have an extra key?
Wǒ kěyǐ duō yíge yàoshi ma?
我可以多一个钥匙吗？
Waw kuh yee dwaw ee guh yaow shir ma?

Here is your tip. Thanks.
Zhè shì nǐde xiǎofèi. Xièxiè.
这是你的小费。谢谢。
Jay shir nee duh shyaow fay. Shyeh shyeh.

My room is ...
Wǒde fángjiān ...
我的房间…
Waw duh fahng jyan ...

too small.
tài xiǎo.
太小。
tye shyaow.

too dirty.
tài zàngle.
太脏了。
tye dzahng luh.

too cold.
tài lěng.
太冷。
tye lung.

just right.
zhèng hǎo.
正好。
jung haow.

perfect.
wánměi.
完美。
wahn may.

crawling with ants.
pá mǎnle mǎyǐ.
爬满了蚂蚁。
pah mahn luh mah ee.

I need new sheets.
Wǒ xūyào xīn de chuángdān.
我需要新的床单。
Waw shyew yaow sheen duh chwahng dahn.

The ... doesn't work.
... huàile.
....坏了。
... hwye luh.

light switch
Dēng kāiguān
灯开关
Dung kye gwan

alarm clock
Nàozhōng
闹钟
Naow joong

TV
Diànshì
电视
Dyan shir

sink
Shuǐcáo
水槽
Shway tsaow

shower
Línyù
淋浴
Leen yew

refrigerator
Bīngxiāng
冰箱
Beeng shyahng

air conditioning
Kōngtiáo
空调
Koong tyaow

heat
Nuǎnqì
暖气
Nwan chee

toilet
Cèsuǒ
厕所
Tsuh swaw

~~~~~~~~~~~~~~~~~~~~~~~~~~~~~

What is the phone number here?
Zhèlǐ de diànhuà hàomǎ duōshǎo?
这里的电话号码多少？
Jay lee duh dyan hwah haow ma dwaw shaow?

Are there any messages for me?

Yǒu méiyǒu gěi wǒde liúyán?

有没有给我的留言？

Yo may yo gay waw duh lyo yan?

I'm in room [101].

Wǒ zài [101] hào fángjiān.

我在[101]号房间。

Waw dzye [ee leeng ee] haow fahng jyan.

I lost the key to my room.

Wǒ diūle fángjiān de yàoshi.

我丢了房间的钥匙。

Waw dyo luh fahng jyan duh yaow shir.

What time is breakfast?

Zǎocān jǐ diǎn?

早餐几点？

Dzaow tsahn jee dyan?

Is there someone here all night?

Yǒu rén zhěng wǎn dōu zài zhèlǐ ma?

有人整晚都在这里吗？

Yo run jung wahn doe dzye juh lee mah?

I need a wake-up call.

Wǒ xūyào yíge jiào xǐng diànhuà.

我需要一个叫醒电话.

Waw shyew yaow yee guh jyaow sheeng dyan hwa.

Let me in!

Ràng wǒ jìnqù ba!

让我进去吧！

Rahng waw jeen chyew bah!

Relief

toilet
cèsuǒ
厕所
tsuh swaw

sink
shuǐcáo
水槽
shway tsaow

toilet paper
wèishēngzhǐ
卫生纸
way shung jir

Where's the ...
_____ zài nǎr?
_____ 在哪儿?
_____ *dzye nar?*

bathroom?
Wèishēngjiān
卫生间
Way shung jyan

Ladies' room?
Nǚ cèsuǒ
女厕所
Nyew tsuh swaw

Men's room?
Nán cèsuǒ
男厕所
Nahn tsuh swaw

It doesn't work.
Bù qǐ zuòyòng.
不起作用.
Boo chee dzwaw yoong.

It won't flush.
Bù chōng shuǐ.
不冲水.
Boo choong shway.

It's dirty.
Zàngle.
脏了。
Dzahng luh.

It's overflowing.
Yìchūle.
溢出了.
Ee choo luh.

Orientation

North	Běi	北	Bay
South	Nán	南	Nahn
East	Dōng	东	Doong
West	Xī	西	Shee

city map
chéngshì dìtú
城市地图
chung shir dee too

I'm lost.
Wǒ mílùle.
我迷路了。
Waw mee loo luh.

Can you tell me where the _____ is?
Nǐ néng gàosù wǒ _____ zài nǎr?
你能告诉我_____在哪儿?
Nee nung gaow soo waw _____ dzye nar?

Where is ... ?

_____ zài nǎ'er?
_____ 在哪儿?
_____ *dzye nar?*

the tourist office?
Lǚyóu jú
旅游局
Lyew yo jyew

the nearest restaurant?
Zuìjìn de cānguǎn
最近的餐馆
Dzway jeen duh tsahng gwan

the post office?
Yóujú
邮局
Yo jyew

the police station?
Jǐngchá jú
警察局
Jeeng chah jyew

the center of town?
Shì zhōngxīn
市中心
Shir joong sheen

Can you tell me how to get there?
Néng bùnéng gàosù wǒ zěnme dào nà'er?
能不能告诉我怎么到那儿?
Nung boo nung gaow soo waw dzumma daow nar?

Which way do I go?
Wǒ yīnggāi zǒu nǎ tiáo lù?
我应该走哪条路?
Waw eeng gye dzo nah tyaow loo?

Turn ...
_____ zhuǎn
_____ 转
_____ jwahn

    left ...   zuǒ   左   zwaw

    right ...   yòu   右   yo

        at the next street.
        Zài xiàgè jiēdào
        在下个街道
        Dzye shyah guh jyeh daow

Go straight ahead ...
Zhí zǒu ...
直走...
Jir dzo ...

        down this street.
        yánzhe zhè tiáo jiē.
        沿着这条街。
        yan juh jay tyaow jyeh.

        through the intersection.
        chuānguò shízìlùkǒu.
        穿过十字路口。
        chwan gwaw shir zuh loo ko.

Am I going the right way?
Wǒ zǒu zài zhèngquè de fāngxiàng ma?
我走在正确的方向吗?
Waw dzo dzye jung chweh duh fahng shyahng ma?

You're going the wrong way.
Nǐ zǒu cuò fāngxiàng le.
你走错方向了。
Nee dzo tswaw fahng shyahng le.

Do you have a map?

Nǐ yǒu dìtú ma?

你有地图吗?

Nee yo dee too ma?

~~~~~~~~~~~~~~~~~~~~~~~~~

Can you recommend a ...

Nǐ néng tuījiàn yīgè _____ ma?

你能推荐一个_____ 吗?

Nee nung tway jyan ee guh _____ ma?

place to eat

cāntīng

餐厅

tsahn teeng

hotel

lǚguǎn

旅馆

lyew gwahn

trendy café

shímáo de kāfēi tīng

时髦的咖啡厅

shir maow duh kah fay teeng

restaurant that's always open

yíge zǒngshì kāimén de cāntīng

一个总是开门的餐厅

ee guh dzoong shir kye mun duh tsahn teeng

bar

jiǔbā

酒吧

jyo bah

dance club

wǔdǎo jùlèbù

舞蹈俱乐部

woo daow jyew luh boo

Local Transportation

Where's the nearest bus stop?
Zuìjìn de gōnggòng qìchē zhàn zài nǎ'er?
最近的公共汽车站在哪儿?
Dzway jeen duh goong goong chee chuh jahn dzye nar?

Where can I catch the bus to [Tianjin]?
Wǒ kěyǐ zài nǎ'er dā gōngchē dào [Tiānjīn]?
我可以在哪儿搭公车到[天津]?
Waw kuh yee dzye nar dah goong chuh daow [Tyan jeen]?

Do you stop at [Tian'an Men Square]?
Nǐ tíng zài [Tiān'ānmén Guǎngchǎng] ma?
你停在[天安门广场]吗?
Ni teeng dzye [Tyan ahn mun gwahng chahng] ma?

Do you have a bus map?
Nǐ yǒu gōngchē dìtú ma?
你有公车地图吗?
Nee yo goong chuh dee too ma?

What's the fare?
Fèiyòng duōshǎo?
费用多少?
Fay yoong dwaw shaow?

Where's the nearest subway stop?
Zuìjìn de dìtiězhàn zài nǎ'er?
最近的地铁站在哪儿?
Dzway jeen duh dee tyeh jahn dzye nar?

I need a ...
Wǒ xūyào yìzhāng ...
我需要一张...
Waw shyew yaow ee jahng ...

ticket. / token.
piào. / dài bì.
票。/ 代币。
pyaow. / dye bee.

day pass.
quántiān piào.
全天票。
chwan tyan pyaow.

weekly pass.
zhōu piào.
周票。
jo pyaow.

subway map.
dìtiě tú.
地铁图。
dee tyeh too.

~~~~~~~~~~~~~~~~~~~~~~~~

transfer
zhuǎnchē
转车
jwan chuh

The [red] line
[Hóngsè] de dìtiě xiàn
[红色]的地铁线
[Hoong suh] duh dee tyeh shyan

The [#7] line
Dìtiě [7 hào] xiàn
地铁 [7号] 线
Dee tyeh [chee haow] shyan

~~~~~~~~~~~~~~~~~~~~~~~~

Where do I get off?
Wǒ zài nǎ'er xià chē
我在哪儿下车?
Waw dzye nar shyah chuh?

SETTLING IN

3

At the first stop.

Zài dì yī zhàn xià chē.

在第一站下车。

Dzye dee ee jahn shyah chuh.

At the second stop.

Zài dì èr zhàn xià chē.

在第二站下车。

Dzye dee ar jahn shyah chuh.

~~~~~~~~~~~~~~~~~~~~~~~~~~~~~~~~~~~~~~~

Where can I catch a taxi?

Wǒ zài nǎ'er kěyǐ dā chūzū chē?

我在哪儿可以搭出租车？

Waw dzye nar kuh yee dah choo dzoo chuh?

How much is a taxi to [the Great Wall]?

Chūzū chē dào [Cháng Chéng] duōshǎo qián?

出租车到[长城]多少钱？

Choo dzoo chuh daow [Chahng Chung] dwaw shaow chyan?

What's the fare?

Fèiyòng shì duōshǎo?

费用是多少？

Fay yoong shir dwaw shaow?

Please turn the meter on.

Qǐng dǎkāi jìjiàbiǎo.

请打开计价表.

Cheeng dah kye jee jyah byaow.

That's too much.

Nà tài guìle.

那太贵了.

Nah tye gway luh.

4 Wining and Dining

I'm hungry.
Wǒ èle.
我饿了。
Waw uh luh.

I'm thirsty.
Wǒ kǒu kě.
我口渴。
Waw ko kuh.

I'm starving.
Wǒ è sǐ le.
我饿死了。
Waw uh suh luh.

I need to eat.
Wǒ xūyào chīfàn.
我需要吃饭。
Waw shyew yaow chir fahn.

I could eat a horse.
Wǒ è de kěyǐ chī yī tóu dàxiàng.
我饿得可以吃一头大象。
Waw uh duh kuh yee chir ee toe dah shyahng.

I need a drink.
Wǒ xūyào hē jiǔ.
我需要喝酒。
Waw shyew yaow huh jyo.

I need [several] drinks.
Wǒ xūyào [jǐ] bēi jiǔ.
我需要[几]杯酒。
Waw shyew yaow [jee] bay jyo.

Meals

breakfast	zǎocān	早餐	*dzaow tsahn*
lunch	wǔcān	午餐	*woo tsahn*
dinner	wǎncān	晚餐	*wahn tsahn*
snack	xiǎochī	小吃	*shyaow chir*

Courses

salad	shālā	沙拉	*shah lah*
appetizer	kāi wèi cài	开胃菜	*kye way tsye*
main dish/ main course	zhǔ cài	主菜	*joo tsye*
side dish	xiǎo cài	小菜	*shyaow tsye*
dessert	tián diǎn	甜点	*tyan dyan*

Utensils

fork	chāzi	叉子	*chah dzuh*
knife	dāo	刀	*daow*
spoon	sháo	勺	*shaow*
chopsticks	kuàizi	筷子	*kwye dzuh*
plate	pánzi	盘子	*pahn dzuh*
bowl	wǎn	碗	*wahn*
cup	bēizi	杯子	*bay dzuh*

Going Out to Eat

Can you recommend a ...
Nǐ néng tuījiàn yīgè _____ ma?

你能推荐一个_____吗?

Nee nung tway jyan ee guh _____ ma?

restaurant?	cāntīng	餐厅	*tsahn teeng*
bar?	jiǔbā	酒吧	*jyo bah*
café?	kāfēi diàn	咖啡店	*kah fay dyan*

Is it expensive?
Hěn guì ma?

很贵吗?

Hun gway ma?

Is it nearby?
Hěn jìn ma?

很近吗?

Hun jeen ma?

What kind of food do they serve?
Tāmen yǒu shénme yàng de shíwù?

他们有什么样的食物?

Tah mun yo shumma yahng duh shir woo?

Do they have vegetarian food?
Tāmen yǒu sùshí ma?

他们有素食吗?

Tah mun yo soo shir ma?

Can they take a big group?
Tāmen jiēdài dà tuán rén ma?

他们接待大团人吗?

Tah mun jyeh dye dah twahn run ma?

Will we need reservations?
Wǒmen xūyào dìngwèi ma?

我们需要订位吗?

Waw mun shyew yaow deeng way ma?

How late do they serve food?

Duōme wǎn hái kěyǐ diǎn cài?

多么晚还可以点菜?

Dwaw mah wahn hye kuh yee dyan tsye?

We're in a hurry.

Wǒmen hěn cōngmáng.

我们很匆忙。

Waw mun hun tsoong mahng.

We'd like a table for [four].

Wǒmen shì [sì] wèi.

我们是[四]位。

Waw mun shir [suh] way.

How long is the wait?

Děngdài duō cháng shíjiān?

等待多长时间?

Dung dye dwaw chahng shir jyan?

We have a reservation.

Wǒmen dìngwèi le.

我们订位了。

Waw mun deeng way luh.

We'd like the smoking / non-smoking section.

Wǒmen xiǎng yào xīyān/fēi xīyān qū.

我们想要吸烟/非吸烟区。

Waw mun shyahng yaow shee yan/fay shee yan chyew.

My friends will be here ...

Wǒ de péngyǒu _____ huì lái.

我的朋友_____会来。

Waw duh pung yo _____ hway lye.

Soon.

bùjiǔ

不久

boo jyo

in [ten] minutes.
[shí] fēn zhōng hòu
[十]分钟后
[shir] fun joong ho

Later.
yīhuǐ'er
一会儿
ee hwar

Where's the restroom?
Cèsuǒ zài nǎlǐ?
厕所在哪里?
Tsuh swaw dzye nah lee?

May I see a menu?
Wǒ kěyǐ kàn càidān ma?
我可以看菜单吗?
Waw kuh yee kahn tsye dahn ma?

What do you recommend?
Nǐ tuījiàn shénme shíwù?
你推荐什么食物?
Nee tway jyan shumma shir woo?

Do you have any specials?
Nǐ yǒu méiyǒu tèsè cài?
你有没有特色菜?
Nee yo may yo tuh suh tsye?

Do you have a kids' menu?
Nǐ yǒu értóng càidān ma?
你有儿童菜单吗?
Nee yo are toong tsye dahn mah?

I'll have ...
Wǒ xiǎng diǎn ...
我想点 ...
Waw shyahng dyan ...

He/She will have …

Tā xiǎng diǎn …

他/她想点…

Tah shyahng dyan …

I'll have what he/she's having.

Wǒ xiǎng yào tā suǒ diǎn de cài.

我想要他/她所点的菜。

Waw shyahng yaow tah swaw dyan duh tsye.

We'd like to split [an appetizer].

Wǒmen xiǎng fēnxiǎng yíge [kāiwèi cài].

我们想分享一个[开胃菜]。

Waw mun shyahng fun shyahng ee guh [kye way tsye].

Can you hold the [onions]?

Máfan nǐ bù shǐyòng [cōng]?

麻烦你不使用[葱]?

Mah fahn nee boo shir yoong [tsoong]?

I'd like my steak …

Wǒ xiǎng yào wǒde niúpái …

我想要我的牛排 …

Waw shyahng yaow waw duh nyo pye …

rare.	sān fēn shú.	三分熟。	*sahn fun shoo.*
medium rare.	sì fēn shú.	四分熟。	*suh fun shoo.*
medium.	wǔ fēn shú.	五分熟。	*woo fun shoo.*
medium well.	qī fēn shú.	七分熟。	*chee fun shoo.*
well done.	quán shú.	全熟。	*chwan shoo.*

How is everything?

Yīqiè hái hǎo ma?

一切还好吗？

Ee chyeh hye haow mah?

Everything's great, thank you.

Yīqiè dōu hěn hǎo, xièxiè.

一切都很好，谢谢。

Ee chyeh doe hun haow, shyeh shyeh.

It's very ...

Hěn ...

很 ...

Hun ...

delicious.	hǎo chī.	好吃。	*haow chir.*
bitter.	kǔ.	苦。	*koo.*
sour.	suān.	酸。	*swan.*
sweet.	tián.	甜。	*tyan.*
hot/spicy.	là.	辣。	*lah.*

This is the best [artichoke] I've ever had.

Zhè shì wǒ chīguò de zuì hǎo de [cháoxiǎn jì].

这是我吃过的最好的[朝鲜蓟]。

Jay shir waw chir gwaw duh dzway haow duh [chaow shyan jee].

This is [a little] ...

Zhè [yǒudiǎn] ..

这[有点] ...

Jay [yo dyan] ...

cold.	lěng.	冷。	*lung.*
overcooked.	guòtóu.	过头。	*gwaw toe.*
burnt.	shāojiāo le.	烧焦了。	*shaow jyaow luh.*
too salty.	tài xián.	太咸。	*tye shyan.*
rotten.	làn le.	烂了。	*lahn luh.*

This isn't fresh.
Zhè bù xīnxiān.

这不新鲜。

Jay boo shin shyan.

This is a little undercooked.
Zhè yǒu diǎn wèi zhǔ shú.

这有点未煮熟。

Jay yo dyan way joo shoo.

Please bring me a new [napkin].
Qǐng gěi wǒ yì zhāng xīn de [cānjīnzhǐ].

请给我一张新的[餐巾纸]。

Cheeng gay waw ee jahng shin duh [tsahn jeen jir].

This [fork] is dirty.
Zhège chāzi hěn zāng.

这个[叉子]很脏。

Jay guh chah dzuh hun dzahng.

I'll have another.
Qǐng zài gěi wǒ yīgè.

请再给我一个。

Cheeng dzye gay waw ee guh.

I'm stuffed.
Wǒ chī bǎole.

我吃饱了。

Waw chir baow luh.

I'm still hungry.
Wǒ hái è.

我还饿。

Waw hye uh.

Can I take the rest to go?
Shèng xià lái de wǒ kěyǐ dài zǒu ma?

剩下来的我可以带走吗？

Shung shyah lye duh waw kuh yee dye dzo ma?

The check, please.
Qǐng gěi wǒ zhàngdān.

请给我账单。

Cheeng gay waw jahng dahn.

Is a tip included?
Bāokuò xiǎofèi ma?

包括小费吗?

Baow kwaw shyaow fay ma?

I don't think the bill is right.
Wǒ xiǎng zhège zhàngdān shì búduì de.

我想这个账单是不对的。

Waw shyahng jay guh jahng dahn shir boo dway duh.

Do you take credit cards?
Nǐmen shōu xìnyòngkǎ ma?

你们收信用卡吗?

Nee mun sho sheen yoong kah mah?

Can I get a receipt?
Wǒ néng bùnéng yǒu yìzhāng shōu jù?

我能不能有一张收据?

Waw nung boo nung yo ee jahng sho jyew?

Preparation

raw	shēng de	生的	*shung duh*
fresh	xīnxiān	新鲜	*sheen shyan*
baked	hōng kǎo de	烘烤的	*hoong kaow duh*
fried	yóu zhá	油炸	*yo jah*
roasted/ grilled/ broiled	kǎo	烤	*kaow*
sautéed	chǎo	炒	*chaow*
charred	tàn shāo	炭烧	*tahn shaow*

Foods

Meat	Ròu lèi	肉类	*Ro lay*
beef	niúròu	牛肉	*nyo ro*
pork	zhūròu	猪肉	*joo ro*
lamb	yángròu	羊肉	*yahng ro*

Poultry	Jiāqín ròu	家禽肉	*Jyah cheen ro*
chicken	jī	鸡	*jee*
turkey	huǒjī	火鸡	*hwaw jee*
duck	yā	鸭	*yah*

Fish	Yú lèi	鱼类	*Yew lay*
catfish	nián yú	鲶鱼	*nyan yew*
caviar	yúzǐ jiàng	鱼子酱	*yew dzuh jyahng*
cod	xuě yú	鳕鱼	*shyweh yew*
crab	pángxiè	螃蟹	*pahng shyeh*
lobster	lóngxiā	龙虾	*loong shyah*
salmon	sānwén yú	三文鱼	*sahn wun yew*
sashimi	shēngyú piàn	生鱼片	*shung yew pyan*
scallops	shànbèi	扇贝	*shahn bay*
sea slugs	kuò yú	蛞蝓	*kwaw yew*
shrimp	xiā	虾	*shyah*
squid	wūzéi	乌贼	*woo dzay*
sushi	shòusī	寿司	*sho suh*
tuna	jīnqiāng yú	金枪鱼	*jeen chyahng yew*

Fruits	Guǒ lèi	果类	*Gwaw lay*
apple	píngguǒ	苹果	*peeng gwaw*
orange	júzi	橘子	*jyew dzuh*
banana	xiāngjiāo	香蕉	*shyahng jyaow*
strawberry	cǎoméi	草莓	*tsaow may*
cherry	yīngtáo	樱桃	*eeng taow*
grapes	pútáo	葡萄	*poo taow*
Vegetables/ Grains	Shūcài/ Gǔwù	蔬菜/ 谷物	*shoo tsye / goo woo*
potato	tǔdòu	土豆	*too doe*
tomato	fānqié	番茄	*fahn chyeh*
eggplant	qiézi	茄子	*chyeh dzuh*
cucumber	huángguā	黄瓜	*hwahng gwa*
pepper	hújiāo	胡椒	*hoo jyaow*
carrots	luóbo	萝卜	*law baw*
onion	yángcōng	洋葱	*yahng tsoong*
garlic	dàsuàn	大蒜	*dah swahn*
mushroom	mógū	蘑菇	*maw goo*
peas	wān dòu	豌豆	*wahn doe*
corn	yùmǐ	玉米	*yew mee*
white rice	bái mǐfàn	白米饭	*bye mee fahn*
beans	dòu	豆	*doe*

Drinks	Yĭnliào	饮料	Een lyaow
wine	hóngjiŭ	红酒	hoong jyo
beer	píjiŭ	啤酒	pee jyo
liquor	jiŭ	酒	jyo
Coca-Cola	Kĕkŏukĕlè	可口可乐	kuh ko kuh luh
water	shuĭ	水	shway
carbonated	tànsuān	碳酸	tahn swahn
coffee	kāfēi	咖啡	kah fay
tea	chá	茶	chah
milk	niúnăi	牛奶	nyo nye
juice	guŏzhī	果汁	gwaw jir

Spices	Xiāngliào	香料	shyahng lyaow
sugar	táng	糖	tahng
salt	yán	盐	yan
pepper	hújiāo	胡椒	hoo jyaow

Desserts
Tiándiăn
甜点
Tyan dyan

cake
dàngāo
蛋糕
dahn gaow

birthday cake
shēngrì dàngāo
生日蛋糕
shung ir dahn gaow

cannoli
xiāng zhà nǎilào juǎn
香炸奶 酪卷
shyahng jah nye lyaow jwan

cookie
bǐnggān
饼干
beeng gahn

lemon merengue
níngméng dànbái tián bǐng
柠檬蛋 白甜饼
neeng mung dahn bye tyan beeng

tiramisu
tí lā mǐ sū
提拉 米苏
tee lah mee soo

torte
guǒ rén dàngāo
果仁 蛋糕
gwaw run dahn gaow

cheese cake
rǔlào dàngāo
乳酪蛋糕
roo laow dahn gaow

I don't eat ...
Wǒ bù chī ...
我不吃...
Waw boo chir ...

red meat.	hóng ròu.	红肉。	*hoong roe.*
pork.	zhūròu.	猪肉。	*joo ro.*
fish.	yú.	鱼。	*yew.*

I'm allergic to ...

Wǒ duì _____ guòmǐn

我对_____过敏

Waw dway _____ gwaw meen

chocolate	qiǎokèlì	巧克力	*chyaow kuh lee*
dairy products	rǔ zhìpǐn	乳制品	*roo jir peen*
nuts	jiān guǒ	坚果	*jyan gwaw*
red wine	hóng jiǔ	红酒	*hoong lyo*
shrimp	xiā	虾	*shyah*
you	nǐ	你	*nee*

I keep kosher.

Wǒ zhǐ chī yóutài shíwù.

我只吃犹太食物。

Waw jir chir yo tye shir woo.

I don't eat pork or shellfish.

Wǒ bù chī zhūròu huò bèi lèi.

我不吃猪肉或贝类。

Waw boo chir joo ro hwaw bay lay.

I'm vegetarian.

Wǒ chī sùde.

我吃素的。

Waw chir soo duh.

I don't eat meat or fish.

Wǒ bù chī ròu huò yú.

我不吃肉或鱼。

Waw boo chir ro hwaw yew.

I'm vegan.

Wǒ shì chún sù shí zhě.

我是纯素食者。

Waw shir chwun soo shir juh.

I don't eat meat or dairy products.

Wǒ bùchī ròu huò rǔ zhìpǐn.

我不吃肉或乳制品。

Waw boo chir ro hwaw roo jir peen.

I'm Mormon.

Wǒ shì mómén jiàotú.

我是摩门教徒。

Waw shir maw mun jyaow too.

I don't drink alcohol, coffee or tea.

Wǒ bùhē jiǔ, yě bùhē kāfēi huò chá.

我不喝酒, 也不喝咖啡或茶。

Waw boo huh jyo, yeh boo huh kah fay hwaw chah.

I'm Muslim.

Wǒ shì huímín.

我是回民。

Waw shir hway meen.

I only eat halal meat.

Wǒ zhǐ chī qīngzhēn ròu.

我只吃清真肉。

Waw jir chir cheeng juhn ro.

5 Grooming and Primping

Clothes

What are you wearing?
Nǐ chuān shénme yīfu?
你穿什么 衣服?
Nee chwan shumma ee foo?

~~~~~~

I'm wearing ...
Wǒ chuān ...
我穿 ...
Waw chwan ...

a T-shirt.
yījiàn T xù shān.
一件T恤衫。
ee jyan T-shyew shahn.

a [red] T-shirt.
yījiàn [hóng sè de] T xù shān.
一件 [红色的] T恤衫。
ee jyan [hong suh duh] T shyew shahn.

a short-sleeve shirt.
yījiàn duǎn xiù chènshān.
一件短袖衬衫。
ee jyan dwahn shyo chun shahn.

a long-sleeve shirt.
yījiàn cháng xiù chènshān.
一件长袖衬衫。
ee jyan chahng shyo chun shahn.

a sweatshirt.
yījiàn yùndòng shān.
一件运 动衫。
ee jyan yoon doong shahn.

a sweater.
yī jiàn máoyī.
一件毛衣。
ee jyan maow ee.

shorts.
yītiáo duǎnkù.
一条短裤。
ee tyaow dwahn koo.

a pair of pants.
yītiáo kùzi.
一条裤子。
ee tyaow koo dzuh.

jeans.
yītiáo niúzǎikù.
一条牛 仔裤。
ee tyaow nyo dzye koo.

a belt.
yītiáo pídài.
一条皮带。
ee tyaow pee dye.

a skirt.
yītiáo qúnzi.
一条裙子。
ee tyaow chewn dzuh.

a dress.
yījiàn lǐfú.
一件礼服。
ee jyan lee foo.

a coat.
yījiàn wàitào.
一件外套。
ee jyan wye taow.

a jacket.
yījiàn jiákè.
一件夹克。
ee jyan jyah kuh.

a tank top.
yíge bèixīn.
一个背心。
ee guh bay sheen.

a bra.
yíge xiōngzhào.
一个胸罩。
ee guh shyoong jaow.

a swimsuit.
yījiàn yóuyǒng yī.
一件游泳衣。
ee jyan yo yoong ee.

a bikini.
yíge bǐjīní.
一个比基尼。
ee guh bee jee nee.

a hat.
yīdǐng màozi.
一顶帽子。
ee deeng maow dzuh.

underwear.
yītào nèiyī.
一套内衣。
ee taow nay ee.

tights.
yītào jǐnshēn yī.
一套紧身衣。
ee taow jeen shun ee.

nylons.
yìshuāng nílóngwà.
一双尼龙袜。
ee shwahng nee loong.

shoes.
yìshuāng xiézi.

一双鞋子。

ee shwahng shyeh dzuh.

sneakers.
yìshuāng yùndòng xié.

一双运动鞋。

ee shwahng yoon doong shyeh.

sandals.
yìshuāng liángxié.

一双凉鞋。

ee shwahng lyahng shyeh.

boots.
yìshuāng xuēzi.

一双靴子.

ee shwahng shweh dzuh.

flats.
yìshuāng píngdǐ xié.

一双平底鞋.

ee shwahng peeng dee shyeh.

high heels.
yìshuāng gāogēn xié.

一双高跟鞋。

ee shwahng gaow gun shyeh.

Cleaning Up

I need to ...
Wǒ xūyào...

我需要…

Waw shyew yaow ...

take a shower.
xǐ ge línyù.

洗个淋浴。

shee guh leen yew.

take a bath.
xǐzǎo.
洗澡。
shee dzaow.

~~~~~~

towel
máojīn
毛巾
maow jeen

soap
féizào
肥皂
fay dzaow

shampoo
xǐ fǎ shuǐ
洗发水
shee fah shway

conditioner
hù fā sù
护发素
hoo fah soo

lotion/moisturizer
hù fū yè/bǎoshī shuāng
护肤液/保湿霜
hoo foo yeh/baow shir shwahng

mirror
jìngzi
镜子
jeeng dzuh

~~~~~~

The water is ...
Shuǐ shì...
水是...
Shway shir ...

freezing.
bīngliángde.
冰凉的。
beeng lyahng duh.

too hot.
tài rè.
太热。
tye ruh.

just right.
zhènghǎo.
正好。
juhng haow.

brown.
zōng sè de.
棕色的。
dzoong suh duh.

I need to ...
Wǒ xūyào...
我需要...
Waw shyew yaow ...

brush my teeth.
shuā yá.
刷牙。
shwah yah.

floss.
yòng yáxiàn qīngjié yáchǐ.
用牙线清洁牙齿。
yoong yah shyan cheeng jyeh yah chir.

brush my hair.
shū wǒde tóufa.
梳我的头发。
shoo waw duh toe fah.

comb my hair.
shūlǐ wǒde tóufa.

梳理我的头发。

shoo lee waw duh toe fah.

dry my hair.
chuī wǒde tóufa.

吹我的头发。

chway waw duh toe fah.

put on makeup.
huàzhuāng.

化妆。

hwah jwahng.

clean my ears.
qīngjié wǒde ěrduo.

清洁我的耳朵。

cheeng jyeh waw duh are dwaw.

Have you seen ...
Nǐ yǒu méiyǒu kànjiàn...

你有没有看见…

Nee yo may yo kahn jyan ...

my toothbrush?
wǒde yáshuā?

我的牙刷?

waw duh yah shwah?

the hair dryer?
chuīfēngjī?

吹风机?

chway fung jee?

Getting Ready

I don't have anything to wear.
Wǒ méiyǒu shénme kě chuān de.
我没有什么可穿的。
Waw may yo shumma kuh chwan duh.

I'm ready!
Wǒ zhǔnbèi hǎole!
我准备好了!
Waw jewn bay haow luh!

I need more time.
Wǒ xūyào gèng duō de shíjiān.
我需要更多的时间。
Waw shyew yaow gung dwaw duh shir jyan.

[Five] more minutes.
Zàiguò [wǔ] fēnzhōng.
再过[五]分钟。
Dzye gwaw [woo] fun joong.

I'll wait for you ...
Wǒ huì _____ děng nǐ.
我会_____等你。
Waw hway _____ dung nee.

> **outside**
> zài wàimiàn
> 在外面
> *dzye wye myan*

> **in the lobby**
> zài dàtáng
> 在大堂
> *dzye dah tahng*

> **at the restaurant**
> zài cāntīng
> 在餐厅
> *dzye tsahn teeng*

You look great.
Nǐ kànqǐlái hěn bàng.
你看起来很棒。
Nee kahn chee lye hun bahng.

You've aged well.
Nǐ bùxiǎn lǎo.
你不显老。
Nee boo shyan laow.

I look terrible!
Wǒ kànqǐlái hěn zāogāo!
我看起来很糟糕!
Waw kahn chee lye hun dzaow gaow!

Is this outfit appropriate?
Zhè jiàn yīfu héshì ma?
这件衣服合适吗?
Jay jyan ee foo huh shir mah?

Do you have ...
Nǐ yǒu méiyǒu ...
你有没有 ...
Nee yo may yo ...

> **money?**
> qián?
> 钱?
> *chyan?*

> **your ID?**
> nǐde shēnfèn zhèng?
> 你的身份证?
> *nee duh shun fun jung?*

I can't find my ...
Wǒ zhǎo búdào wǒde ...
我找不到我的 ...
Waw jaow boo daow waw duh ...

purse.
qiándài.
钱袋。
chyan dye.

wallet.
qiánbāo.
钱包。
chyan baow.

keys.
yàoshi.
钥匙。
yaow shir.

Are you bringing [a gift]?
Nǐ yào dài [lǐwù] ma?
你要带[礼物]吗?
Nee yaow dye [lee woo] mah?

6 Going Out

Making Plans

What are you up to tonight?
Nǐ jīntiān wǎnshàng huì zuò shénme?

你今天晚上会做什么？

Nee jeen tyan wahn shahng hway dzwaw shumma?

You feel like doing something?
Nǐ xiǎng zuò diǎn shénme yǒuqù de ma?

你想做点什么有趣的吗？

Nee shyahng dzwaw dyan shumma yo chyew duh ma?

Yeah, I'd love to.
Shìde, dāngrán.

是的，当然。

Shir duh, dahng rahn.

Maybe.
Yěxǔ.

也许。

Yeh shyew.

Not sure yet.
Hái bù quèdìng.

还不确定。

Hye boo chweh deeng.

No, I can't, sorry.
Duìbùqǐ, wǒ bùnéng.

对不起，我不能。

Dway boo chee, waw boo nung.

No, I'm tired.
Bù, wǒ lèile.
不，我累了。
Boo, waw lay luh.

I'm staying in.
Wǒ huì dāi zài jiālǐ.
我会呆在家里。
Waw hway dye dzye jyah lee.

Call me if it seems fun.
Rúguǒ kànqǐlái yǒuqù de huà, qǐng gěi wǒ dǎ diànhuà.
如果看起来有趣的话，请给我打电话。
Roo gwaw kahn chee lye yo chyew duh hwah, cheeng gay waw dah dyan hwah.

What do you feel like doing?
Nǐ xiǎng zuò shénme?
你想做什么？
Nee shyahng dzwaw shumma?

Did you eat yet?
Nǐ chīle ma?
你吃了吗？
Nee chir luh mah?

Have you talked to [John]?
Nǐ yǒu méiyǒu gēn [John] jiǎnghuà?
你有没有跟 [John] 讲话？
Nee yo may yo gun [John] jyahng hwah?

I'm in the mood for ...
Wǒ hěn xiǎng ...
我很想 …
Waw hun shyahng ...

We could ...
Wǒmen kěyǐ ...
我们可以…
Waw mun kuh yee ...

go to a movie.
qù kàn diànyǐng.
去看电影。
chyew kahn dyan yeeng.

go to a show.
qù kàn yǎnchū.
去看演出。
chyew kahn yan choo.

go out to dinner.
qù fànguǎn chī wǎnfàn.
去饭馆吃晚饭。
chyew fahn gwan chir wahn fahn.

order in.
dìng wài sòng.
订外送。
deeng wye soong.

go to a nightclub.
qù yèzǒnghuì.
去夜总会。
chyew yeh dzoong hway.

get drinks.
qù hē jiǔ.
去喝酒。
chyew huh jyo.

go on a bender.
hē ge dà zuì.
喝个大醉。
huh guh dah dzway.

hang out in my room.
zài wǒ fángjiān lǐ xiāo qiǎn yixià.
在我房间里消遣一下。
dzye waw fahng jyan lee shyaow chyan ee shyah.

Where should we go?
Wǒmen yīnggāi qù nǎ'er?
我们应该去哪儿?
Waw mun eeng gye chyew nar?

I love that place.

Wǒ hěn xǐhuān nàge dìfāng.

我很喜欢那个地方。

Waw hun shee hwan nay guh dee fahng.

I hate that place.

Wǒ tǎoyàn nàge dìfāng.

我讨厌那个地方。

Waw taow yan nay guh dee fahng.

I've never been there.

Wǒ cónglái méiyǒu qùguò nà'er.

我从来没有去过那儿。

Waw tsoong lye may yo chyew gwaw nar.

I heard it gets a good crowd.

Wǒ tīng shuō hěnduō rén dōu qù nàge dìfāng.

我听说很多人都去那个地方。

Waw teeng shwaw hun dwaw run doe chyew nay guh dee fahng.

Is it close by?

Hěn jìn ma?

很近吗?

Hun jeen ma?

Is it far?

Hěn yuǎn ma?

很远吗?

Hun ywan ma?

What time does it open?

Shénme shíhòu kāi mén?

什么时候开门?

Shumma shir ho kye mun?

What time does it close?

Shénme shíhòu guān mén?

什么时候关门?

Shumma shir ho gwan mun?

What time do you want to meet?

Nǐ xiǎng shénme shíjiān jiànmiàn?

你想什么时间见面?

Nee shyahng shumma shir jyan jyan myan?

How long do you need to get ready?

Nǐ xūyào duō cháng shíjiān zhǔnbèi hǎo?

你需要多长时间准备好?

Nee shyew yaow dwaw chahng shir jyan jewn bay haow?

I'm free at [7:00].

Wǒ [qī diǎn zhōng] yǒu kòng.

我[七点钟]有空。

Waw [chee dyan joong] yo koong.

Okay, I'll call you at [7:00].

Hǎo ba, wǒ jiù [qī diǎn zhōng] dǎ diànhuà gěi nǐ.

好吧, 我就[七点钟]打电话给你。

Haow bah, waw jyo [chee dyan joong] dah dyan hwa h gay nee.

What are you going to wear?

Nǐ huì chuān shénme?

你会穿什么?

Nee hway chwan shumma?

What should I wear?

Wǒ yīnggāi chuān shénme?

我应该穿什么?

Waw yeeng gye chwan shumma?

Do I have to dress formally?

Wǒ bìxū zhèngshì zhuó zhuāng ma?

我必须正式着装吗?

Waw bee shyew jung shir jwaw jwahng mah?

Do we need a reservation?

Wǒmen bìxū yùdìng ma?

我们必须预订吗?

Waw mun bee shyew yew deeng mah?

Is there dancing?

Kěyǐ tiàowǔ ma?

可以跳舞吗?

Kuh yee tyaow woo ma?

Do they ask for ID?

Tāmen yāoqiú shēnfèn zhèng ma?

他们要求身份证吗?

Tah mun yaow chyo shun fun jung ma?

What time does the [show] start?

[Yǎnchū] shénme shíhòu kāishǐ?

[演出]什么时候开始?

[Yan choo] shumma shir ho kye shir?

When will you return?

Nǐ shénme shíhòu huílái?

你什么时候回来?

Nee shumma shir ho hway lye?

I have something to do in the morning.

Wǒ zǎoshàng yǒu shì.

我早上有事。

Waw dzaow shahng yo shir.

Let's make it an early night.

Wǒmen búyào tài wǎn cái huílái.

我们不要太晚才回来。

Waw mun boo yaow tye wahn tsye hway lye.

Let's go wild!

Wǒmen yīqǐ lái fēngkuáng yīxià ba!

我们一起来疯狂一下吧!

Waw mun ee chee lye fung kwahng ee shyah bah!

Where do you want to meet?

Nǐ yào zài nǎ'er jiànmiàn?

你要在哪儿见面?

Nee yaow dzye nar jyan myan?

Let's meet at ...

Wǒmen zài _____ jiànmiàn ba.

我们在 _____ 见面吧。

Waw mun dzye _____ jyan myan bah.

What street is it on?

Zài nǎ tiáo lù?

在哪条路？

Dzye nay tyaow loo?

Let's meet there.

Wǒmen jiù zài nà'er jiànmiàn ba.

我们就在那儿见面吧。

Waw mun jyo dzye nar jyan myan bah.

Call me if you get lost.

Nǐ rúguǒ mílùle jiù dǎ diànhuà gěi wǒ.

你如果迷路了就打电话给我。

Nee roo gwaw mee loo luh jyo dah dyan hwah gay waw.

Where are you?

Nǐ zài nǎ'er?

你在哪儿？

Nee dzye nar?

I'm running late.

Wǒ huì chídào le.

我会迟到了。

Waw hway chir daow luh.

I'll be there in [ten] minutes.

Wǒ zài [shí] fēnzhōng zhī hòu jiù dàole.

我在[十]分钟之后就到了。

Waw dzye [shir] fun joong jir ho jyo daow luh.

At the Bar

I love this place!

Wǒ fēicháng xǐhuān zhège dìfāng!

我非常喜欢这个地方！

Waw fay chahng shee hwan jay guh dee fahng!

Let's stay a little longer.

Wǒmen zài zhè'er duō dāi yīhuì'er ba.

我们在这儿多呆一会儿吧。

Waw mun dzye jar dwaw dye ee hwar bah.

Do you see a table anywhere?
Nǐ zài rènhé dìfāng kàn dào yíge zhuōzi ma?

你在任何地方看到一个桌子吗？

Nee dzye run huh dee fahng kahn daow ee guh jwaw dzuh ma?

I'll be by the bar.
Wǒ huì zài jiǔbā.

我会在酒吧。

Waw hway dzye jyo bah.

This place sucks.
Zhège dìfāng zāo tòule.

这个地方糟透了。

Jay guh dee fahng dzaow toe luh.

Let's go somewhere else.
Wǒmen qù qítā dìfāng ba.

我们去其他地方吧。

Waw mun chyew chee tah dee fahng bah.

Let's go back to that other place.
Wǒmen huí dào nàgè yuánlái de dìfāng ba.

我们回到那个原来的地方吧。

Waw mun hway daow nay guh ywan lye duh dee fahng bah.

Let's go home.
Wǒmen huí jiā ba.

我们回家吧。

Waw mun hway jya bah.

I'm tired.
Wǒ lèile.

我累了。

Waw lay luh.

I'm not tired yet.
Wǒ hái bú lèi.

我还不累。

Waw hye boo lay.

I'm just getting started.
Wǒ cái gānggāng kāishǐ.

我才刚刚开始。

Waw tsye gahng gahng kye shir.

I'm out of cash.
Wǒ méi qián.

我没钱。

Waw may chyan.

This place is too expensive.
Zhège dìfāng tài guìle.

这个地方太贵了。

Jay guh dee fahng tye gway luh.

Can you loan me some money?
Nǐ kěyǐ jiè gěi wǒ yīxiē qián ma?

你可以借给我一些钱吗？

Nee kuh yee jyeh gay waw ee shyeh chyan ma?

Is there an ATM around here?
Zhè fùjìn yǒu méiyǒu zìdòng qǔkuǎn jī?

这附近有没有自动取款机？

Jay foo jeen yo may yo dzuh doong chyew kwahn jee?

Do you have a light?
Nǐ yǒu dǎhuǒjī ma?

你有打火机吗？

Nee yo dah hwaw jee mah?

Do you have a cigarette?
Nǐ yǒu yān ma?

你有烟吗？

Nee yo yan mah?

Do you want a drink?
Nǐ xiǎng hē diǎn jiǔ ma?

你想喝点酒吗？

Nee shyahng huh dyan jyo mah?

What do you like to drink?
Nǐ xǐhuān hē shénme?

你喜欢喝什么？

Nee shee hwan huh shumma?

Pairing Up

Pickup Lines

Do you come here often?

Nǐ jīngcháng lái zhèr ma?

你经常来这儿吗?

Nee jeeng chahng lye jar ma?

Is everyone from [China] as pretty/ handsome as you?

Cóng [Zhōngguó] lái de rén dōu xiàng nǐ yíyàng piàoliàng/shuài ma?

从[中国]来的人都像你一样漂亮/帅吗?

Tsoong [Zhoong gwaw] lye duh run dōu shyahng nee ee yahng pyaow lyahng/shwye ma?

Are you sure you're not from heaven? Because you look like an angel.

Nǐ quèdìng nǐ búshì cóng tiāntáng lái de ma? Yīnwèi nǐ kànqǐlái xiàng tiānshǐ.

你确定你不是从天堂来的吗? 因为你看起来像天使。

Nee chweh deeng nee boo shir tsoong tyan tahng lye duh mah? Een way nee kahn chee lye shyahng tyan shir.

Don't fall in love with me. I'm bad news.

Búyào ài shàng wǒ. Wǒde míngshēng fēicháng bùhǎo.

不要爱上我。我的名声非常不好。

Boo yaow eye shahng waw. Waw duh meeng shung fay chahng boo haow.

Let's get to know each other.
Wǒmen mànmàn de bǐcǐ liǎojiě ba.
我们慢慢地彼此了解吧。
Waw mun mahn mahn duh bee tsuh lyaow jyeh bah.

Tell me about yourself.
Qǐng gēn wǒ shuō yi shuō nǐ zìjǐ.
请跟我说一说你自己。
Cheeng gun waw shwaw ee shwaw nee dzuh jee.

Are you single?
Nǐ shì dānshēn ma?
你是单身吗?
Nee shir dahn shun ma?

What do you do?
Nǐ zuò shénme gōngzuò?
你做什么工作?
Nee dzwaw shumma goong dzwaw?

What music/films/books do you like?
Nǐ xǐhuān shénme yīnyuè/diànyǐng/shū?
你喜欢什么音乐/电影/书?
Nee shee hwan shumma yeen yweh / dyan yeeng / shoo?

Are you from here?
Nǐ shì zhè'er de rén ma?
你是这儿的人吗?
Nee shir jar duh run ma?

Where do you live?
Nǐ zhù zài nǎ'er?
你住在哪儿?
Nee joo dzye nar?

Cool!	Tài bàngle!	太棒了!	*Tye bahng luh!*
Great!	Fēicháng hǎo!	非常好!	*Fay chahng haow!*
Fascinating!	Mírén.	迷人!	*Mee run.*
Me too!	Wǒ yěshì!	我也是!	*Waw yeh shir!*

You're very ...
Nǐ hěn ...
你很...
Nee hun ...

pretty.	piàoliang.	漂亮。	*pyaow lyahng.*
beautiful.	měilì	美丽。	*may lee.*
handsome.	shuài.	帅。	*shwye.*
stunning.	yàn.	艳。	*yan.*

You are the most beautiful woman I've ever seen.
Nǐ shì wǒ jiànguò de zuì měilì de nǚrén.
你是我见过的最美丽的女人。
Nee shir waw jyan gwaw duh dzway may lee duh nyew run.

You look amazing.
Nǐ kàn shàngqù bàng jíle.
你看上去棒极了。
Nee kahn shahng chyew bahng jee luh.

I like you.
Wǒ xǐhuān nǐ.
我喜欢你。
Waw shee hwan nee.

You seem nice.
Nǐ kànqǐlái búcuò.
你看起来不错。
Nee kahn chee lye boo tswaw.

You have such ...
Nǐ yǒu hěn...
你有很...
Nee yo hun ...

beautiful eyes.
měilì de yǎnjīng.
美丽的眼睛。
may lee duh yan jeeng.

beautiful hair.
měilì de tóufa.
美丽的头发。
may lee duh toe fah.

beautiful hands.
měilì de shǒu.
美丽的手。
may lee duh sho.

I'm interested in you.
Wǒ duì nǐ gǎn xìngqù.
我对你感兴趣。
Waw dway nee gahn sheeng chyew.

I'm fascinated by you.
Wǒ duì nǐ zháomíle.
我对你着迷了。
Waw dway nee jaow mee luh.

Do you have a [boyfriend/girlfriend]?
Nǐ yǒu [nán péngyou/nǚ péngyou] ma?
你有 [男朋友/女朋友] 吗?
Nee yo [nahn pung yo/nyew pung yo] mah?

My [boyfriend/girlfriend] is out of town (this weekend).
Wǒ de [nán péngyǒu/nǚ péngyǒu] (zhège zhōumò) búzàijiā.
我的[男朋友/女朋友](这个周末)不在家。
Waw duh [nahn pung yo/nyew pung yo] (jay guh joe maw) boo dzye jya.

Rejection

I'm here with my [boyfriend/girlfriend].
Wǒ hé wǒde [nán péngyou/nǚ péngyou] yīqǐ zài zhè'er.
我和我的[男朋友/女朋友]一起在这儿。
Waw huh waw duh [nahn pung yo /nyew pung yo] ee chee dzye jar.

I'm sorry, but I'm not interested.
Wǒ hěn bàoqiàn, dàn wǒ bùgǎn xìngqù.
我很抱歉，但我不感兴趣。
Waw hun baow chyan, dahn waw boo gahn sheeng chyew.

You're just not my type.
Nǐ búshì nà zhǒng wǒ xǐhuān de rén.
你不是那种我喜欢的人。
Nee boo shir nah joong waw shee hwan duh run.

Please leave me alone.
Qǐng bùyào dǎrǎo wǒ.
请不要打扰我。
Cheeng boo yaow dah raow waw.

Security!
Jǐngwèi!
警卫！
Jeeng way!

Are you gay?
Nǐ shì tóngxìngliàn ma?
你是同性恋吗？
Nee shir toong sheeng lyan mah?

I'm gay.
Wǒ shì tóngxìngliàn.
我是同性恋。
Waw shir toong sheeng lyan.

How about we go to a gay bar?

Wǒmen qù yíge tóngxìngliàn de jiǔbā, hǎo
bùhǎo?

我们去一个同性恋的酒吧, 好不好?

*Waw mun chyew ee guh toong sheeng lyan duh jyo
bah, haow boo haow?*

Sorry, I'm straight.

Duìbùqǐ, wǒ búshì tóngxìngliàn.

对不起, 我不是同性恋。

Dway boo chee, waw boo shir toong sheeng lyan.

It's a pity you aren't gay.

Kěxí nǐ búshì tóngxìngliàn.

可惜你不是同性恋。

Kuh shee nee boo shir toong sheeng lyan.

I'm bisexual.

Wǒ shì shuāngxìngliàn.

我是双性恋。

Waw shir shwahng sheeng lyan.

I'm transgendered.

Wǒ shì biànxìng rén.

我是变性人。

Waw shir byan sheeng run.

I used to be a [man/woman]!

Wǒ céngjīng shì yīgè [nánrén/nǚrén]!

我曾经是一个[男人/女人]!

Waw tsuhng jeeng shir ee guh [nahn run/nyew run]!

Love at First Sight

Would you like to come inside?
Nǐ xiǎng jìnlái ma?
你想进来吗？
Nee shyahng jeen lye mah?

Can I stay over?
Wǒ kěyǐ guòyè ma?
我可以过夜吗？
Waw kuh yee gwaw yeh ma?

I want you to stay over.
Wǒ yào nǐ guòyè.
我要你过夜。
Waw yaow nee gwaw yeh.

Let's spend the night together.
Wǒmen jīn wǎn guòyè ba.
我们今晚过夜吧。
Waw mun jeen wahn gwaw yeh bah.

We can watch the sun rise.
Wǒmen kěyǐ kàn tàiyáng shēng qǐ.
我们可以看太阳升起。
Waw mun kuh yee kahn tye yahng shung chee.

Kiss me.
Qīnwěn wǒ.
亲吻我。
Chin wun waw.

Kiss me, I'm desperate.
Qīnwěn wǒ, wǒ yào nǐ.
亲吻我，我要你。
Chin wun waw, waw yaow nee.

Would you like a back rub?
Nǐ xiǎng yào róu bèi ma?
你想要揉背吗？
Nee shyahng yaow ro bay ma?

I want to hold you.
Wǒ xiǎng bào bào nǐ.

我想抱抱你。

Waw shyahng baow baow nee.

It's better if you go home.
Nǐ zuì hǎo huí jiā.

你最好回家。

Nee dzway haow hway jyah.

I'd better go now.
Wǒ xiànzài gāi zǒule.

我现在该走了。

Waw shyan dzye gye dzo luh.

I think we should stop.
Wǒ xiǎng wǒmen yīnggāi tíng xiàlái.

我想我们应该停下来。

Waw shyahng waw mun eeng gye teeng shyah lye.

I have to go home now.
Wǒ xiànzài bìxū huí jiā.

我现在必须回家。

Waw shyan dzye bee shyew hway jyah.

I think this was a mistake.
Wǒ rènwéi zhè shì yíge cuòwù.

我认为这是一个错误。

Waw run way jay shir ee guh tswaw woo.

I had a great time.
Wǒ wán de hěn kāixīn.

我玩得很开心。

Waw wahn duh hun kye sheen.

Thanks for an amazing night.
Gǎnxiè nǐ gěi wǒ yíge zhème hǎo de yèwǎn.

感谢你给我一个这么好的夜晚。

Gahn shyeh nee gay waw ee guh juh ma haow duh yeh wahn.

Here's my number.
Zhè shì wǒde diànhuà hàomǎ.
这是我的电话号码。
Jay shir waw duh dyan hwah haow ma.

I'm here for [three] more days.
Wǒ zài zhèlǐ hái yǒu [sān] tiān.
我在这里还有[三]天.
Waw dzye jay lee hye yo [sahn] tyan.

Can we meet tomorrow?
Wǒmen míngtiān néng jiànmiàn ma?
我们明天能见面吗?
Waw mun meeng tyan nung jyan myan ma?

Can I see you again?
Wǒ hái néng jiàndào nǐ ma?
我还能见到你吗?
Waw hye nung jyan daow nee mah?

What is your email address?
Nǐde diànzǐ yóujiàn dìzhǐ shì shénme?
你的电子邮件地址是什么?
Nee duh dyan dzuh yo jyan dee jir shir shumma?

When can I see you?
Wǒ shénme shíhou néng zài yīcì jiàndào nǐ?
我什么时候能再一次见到你?
Waw shumma shir ho nung dzye ee tsuh jyan daow nee?

Where do you want to meet?
Nǐ xiǎng zài nǎ'er jiànmiàn?
你想在哪儿见面?
Nee shyahng dzye nar jyan myan?

Are you seeing someone else?
Nǐ zài gēn biérén tán liàn ài ma?
你在跟别人谈恋爱吗?
Nee dzye gun byeh run tahn lyan eye ma?

PAIRING UP

He's/She's just a friend.
Tā zhǐ shì péngyǒu.

他/她只是朋友.

Ta jir shir pung yo.

I think we should just be friends.
Wǒ xiǎng wǒmen zhǐ yīnggāi dāng péngyǒu.

我想我们只应该当朋友。

Waw shyahng waw mun jir eeng gye dahng pung yo.

I'm already used to it.
Wǒ yǐjīng xíguànle.

我已经习惯了。

Waw ee jeeng shee gwahn luh.

I love you!
Wǒ ài nǐ!

我爱你!

Waw eye nee!

Stop it!/Cut it out!
Tíng xiàlái ba!

停下来吧!

Teeng shyah lye bah!

Go away!
Zǒu kāi!

走开!

Dzo kye!

Leave me alone!
Bié dǎrǎo wǒ!

别打扰我!

Byeh dah raow waw!

Help!
Jiù mìng a!

救命啊!

Jyo meeng ah!

Call the police!
Bàojǐng!

报警!

Baow jeeng!

I'm in love with you!

Wǒ ài shàngle nǐ!

我爱上了你!

Waw eye shahng luh nee!

I promise to make you happy forever.

Wǒ bǎozhèng ràng nǐ yǒngyuǎn kuàilè.

我保证让你永远快乐。

Waw baow jung rahng nee yoong ywan kwye luh.

You should come visit me in [Australia].

Nǐ yīnggāi dào [Àodàlìyà] lái kàn wǒ.

你应该到[澳大利亚]来看我。

Nee eeng gye daow [Aow dah lee yah] lye kahn waw.

Let's be pen pals.

Ràng wǒmen chéngwéi bǐyǒu.

让我们成为笔友。

Rahng waw mun chung way bee yo.

I promise to write you.

Wǒ bǎozhèng xiěxìn gěi nǐ.

我保证写信给你。

Waw baow jung shyeh sheen gay nee.

I'll never forget you.

Wǒ yǒngyuǎn búhuì wàngjì nǐ.

我永远不会忘记你。

Waw yoong ywan boo hway wahng jee nee.

I'll miss you.

Wǒ huì xiǎngniàn nǐ.

我会想念你。

Waw hway shyahng nyan nee.

What was your name again?

Qǐng zài yīcì gàosù wǒ nǐde míngzi shì shénme?

请再一次告诉我你的名字是什么?

Cheeng dzye ee tsuh gaow soo waw nee duh meeng dzuh shir shumma?

8 **Seeing the Sights**

Sights

I'd like to see ...
Wǒ xiǎng qù kàn ...
我想去看…
Waw shyahng chyew kahn ...

the Summer Palace.
Yíhéyuán.
颐和园。
Ee huh ywan.

the Temple of Heaven.
Tiāntán.
天坛。
Tyan tahn.

Tian'an Men Square.
Tiān'ānmén Guǎngchǎng.
天安门广场。
Tyan ahn mun Gwahng chahng.

the Great Wall.
Chángchéng.
长城。
Chahng chung.

the Forbidden City.
Gùgōng.
故宫。
Goo goong.

the Shanghai Bund.
Shànghǎi wàitān.
上海外滩。
Shahng hye wye tahn.

the Terra Cotta Warriors.
Bīngmǎyǒng.
兵马俑。
Beeng mah yoong.

Chairman Mao's Mausoleum.
Máo Zhǔxí jìniàntáng.
毛主席纪念堂。
Maow joo shee jee nyan tahng.

The Shanghai Museum.
Shànghǎi bówùguǎn.
上海博物馆。
Shahng hye baw woo gwan.

a Buddhist Temple.
yíge Fójiào sìmiào.
一个佛教寺庙。
ee guh Faw jyaow suh myaow.

a Taoist Temple.
yíge Dàojiào sìmiào.
一个道教寺庙。
ee guh Daow jyaow suh myaow.

a pagoda.
yīzuò bǎotǎ.
一座宝塔。
ee dzwaw baow tah.

traditional Chinese alleys.
chuántǒng de hútòng.
传统的胡同。
chwan toong duh hoo toong.

an art gallery.
yìshù huàláng.
艺术画廊。
ee shoo hwah lahng.

the downtown area.
shì qū.
市区。
shir chyew.

the historic district.
lìshǐ wénhuà qū.
历史文化区。
Lee shir wun hwah chyew.

the shopping district.
gòuwù qū.
购物区。
Go woo chyew.

8

Do you have any ...
Nǐ yǒu méiyǒu ...
你有没有...
Nee yo may yo ...

brochures?
xuānchuán cè?
宣传册?
shywan chwan tsuh?

maps?
dìtú?
地图?
dee too?

suggestions?
jiànyì?
建议?
jyan ee?

I'd like to go on a ...
Wǒ xiǎng cānjiā ...
我想参加 ...
Waw shyahng tsahn jya ...

walking tour.
túbù yóulǎn.
徒步游览。
too boo yo lahn.

guided tour.
yǒu dǎoyóu dàilǐng de yóulǎn.
有导游带领的游览。
yo daow yo dye leeng duh yo lahn.

bus tour.
bāshì lǚyóu.
巴士旅游。
bah shir lyew yo.

boat tour.
chéng chuán yóulǎn.
乘船游览。
chung chwan yo lahn.

Where can I hire a guide/translator?
Wǒ kěyǐ zài nǎlǐ pìnqǐng dǎoyóu/fānyì?
我可以在哪里聘请导游/翻译?
*Waw kuh yee dzye nah lee peeng cheeng daow yo/
fahn ee?*

What's the nicest part of the city?
Zhège chéngshì zuì hǎo de dìfāng shì shénme?
这个城市最好的地方是什么?
*Jay guh chung shir dzway haow duh dee fahng shir
shumma?*

What's your favorite neighborhood?
Nǐ zuì xǐhuān de jiēqū shì shénme?
你最喜欢的街区是什么?
Nee dzway shee hwan duh jyeh chyew shir shumma?

Is this area safe?

Zhège dìqū ānquán ma?

这个地区安全吗？

Jay guh dee chyew ahn chwan mah?

What should I see if I'm here only one day?

Rúguǒ wǒ zhǐ zài zhè'er yìtiān, wǒ yīnggāi yóulǎn shénme?

如果我只在这儿一天，我应该游览什么？

Roo gwaw waw jir dzye jar ee tyan, waw eeng gye yo lahn shumma?

Where's the best place to watch the sunset/sunrise?

Nǎlǐ shì guānkàn rì luò/rì chū de zuì jiā dìdiǎn?

哪里是观看日落/日出的最佳地点？

Nah lee shir gwan kahn ir lwaw/ir choo duh dzway jyah dee dyan?

Calling Ahead

Where does the tour start?

Yóulǎn cóng nǎ'er kāishǐ?

游览从哪儿开始？

Yo lahn tsoong nar kye shir?

What time does it start?

Shénme shíhòu kāishǐ?

什么时候开始？

Shumma shir ho kye shir?

How long is it?

Yóulǎn shì duō cháng shíjiān?

游览是多长时间？

Yo lahn shir dwaw chahng shir jyan?

What stops does it make?

Yóulǎn zài nǎxiē dìdiǎn tíng xiàlái ràng yóurén cānguān?

游览在哪些地点停下来让游人参观？

Yo lahn dzye nah shyeh dee dyan teeng shyah lye rahng yo run tsahn gwahn?

Do I have to reserve a spot?

Wǒ bìxū yùdìng zuòwèi ma?

我必须预定座位吗?

Waw bee shyew yew deeng dzwaw way ma?

When do you open?

Nǐmen shénme shíhòu kāimén?

你们什么时候开门?

Nee shumma shir ho kye mun?

When do you close?

Nǐmen shénme shíhòu guānmén?

你们时候关门?

Nee shumma shir ho gwan mun?

What do you charge for admission?

Rùchǎng fèi duōshǎo?

入场费多少?

Roo chahng fay dwaw shaow?

Is there a student discount?

Yǒu xuéshēng yōuhuì ma?

有学生优惠吗?

Yo shyweh shung yo hway ma?

Is there a group discount?

Yǒu tuántǐ yōuhuì ma?

有团体优惠吗?

Yo twan tee yo hway ma?

Cultural Stuff

Let's go to ...

Wǒmen qù _____ ba.

我们去 _____ 吧。

Waw mun chyew _____ bah.

the theatre.

kàn xì

看戏

kahn shee

the movies.
kàn diànyǐng
看电影
kahn dyan yeeng

an acrobatics show.
kàn zájì biǎoyǎn
看杂技表演
kahn dzah jee byaow yan

a concert.
tīng yī chǎng yīnyuèhuì
听一场音乐会
teeng ee chahng een yweh hway

the opera.
kàn gējù
看歌剧
kahn guh jyew

Peking Opera.
kàn jīngjù
看京剧
kahn jeeng jyew

an exhibit.
kàn zhǎnlǎn huì
看展览会
kahn jahn lahn hway

a soccer game.
yī chǎng zúqiú bǐsài
一场足球比赛
ee chahng dzoo chyo bee sye

Where's the movie playing?
Diànyǐng zài nǎ'er fàngyìng?
电影在哪儿放映?
Dyan yeeng dzye nar fahng yeeng?

What time does the show start?
Yǎnchū shénme shíhòu kāishǐ?
演出什么时候开始?
Yan shoo shumma shir ho kye shir?

How much are the tickets?
Ménpiào duōshǎo qián?
门票多少钱?
Mun pyaow dwaw shaow chyan?

Do you have any tickets left for tonight?
Nǐ jīntiān wǎnshàng hái yǒu piào ma?
你今天晚上还有票吗?
Nee jeen tyan wahn shahng hye yo pyaow ma?

Is tonight's performance sold out?
Jīntiān wǎnshàng de biǎoyǎn ménpiào mài guāngle ma?
今天晚上的表演门票卖光了吗?
Jeen tyan wahn shahng duh byaow yan mun pyaow mye gwahng luh mah?

Going Broke

Money

I want to go shopping.
Wǒ xiǎng qù gòuwù.
我想去购物。
Waw shyahng chyew go woo.

Where can I change money?
Wǒ zài nǎ'er kěyǐ huànqián?
我在哪儿可以换钱?
Waw dzye nar kuh yee hwan chyan?

What's the exchange rate?
Huìlǜ shì duōshǎo?
汇率是多少?
Hway lyew shir dwaw shaow?

Is there a(n) ... around here?
Zhè fùjìn yǒu _____ma?
这附近有_____吗?
Jay foo jeen yo _____ ma?

> **bank**
> yínháng
> 银行
> *een hahng*

> **ATM**
> zìdòng qǔkuǎn jī
> 自动取 款机
> *dzuh doong chyew kwahn jee*

store
shāngdiàn
商店
shahng dyan

market
shìchǎng
市场
shir chahng

mall
shāngchǎng
商场
shang chang

department store
bǎihuò shāngdiàn
百货商店
bye hwaw shahng dyan

grocery store
záhuò diàn
杂货店
dzah hwaw dyan

supermarket
chāojí shìchǎng
超级市场
chaow jee shir chahng

pharmacy
yàofáng
药房
yaow fahng

bookstore
shūdiàn
书店
shoo dyan

souvenir shop
jìniànpǐn shāngdiàn
纪念品 商店
jee nyan peeng shahng dyan

casino
dǔchǎng
赌场
doo chahng

At the Store

I need to buy ...
Wǒ xūyào mǎi ...
我需要买 ...
Waw shyew yaow my ...

Do you sell ...?
Nǐmen mài_____ ma?
你们卖_____吗?
Nee mun my_____ma?

~~~~~~~~~~~~~~~~~~~~

I'm looking for ...
Wǒ zài zhǎo ...
我在找...
Waw dzye jaow ...

clothes.	yīfu.	衣服.	*ee foo.*
souvenirs.	jìniànpǐn.	纪念品。	*jee nyan peen.*
postcards.	míngxìn piàn.	明信片。	*meeng sheen pyan.*
stamps.	yóupiào.	邮票。	*yo pyaow.*
a map.	yì zhāng dìtú.	一张地图。	*ee jahng dee too.*
a guidebook.	yī běn zhǐnán.	一本指南。	*ee bun jir nahn.*
an umbrella.	yī bǎ yǔsǎn.	一把雨伞。	*ee bah yew sahn.*

I need a gift for ...

Wǒ xūyào gěi _____ yíge lǐwù.

我需要给_____一个礼物。

Waw shyew yaow gay _____ ee guh lee woo.

my friend.
wǒde péngyǒu

我的朋友

waw duh pung yo

my parents.
wǒde fùmǔ

我的父母

waw duh foo moo

my brother/sister.
wǒde gēgē/jiějiě

我的哥哥/姐姐

waw duh guh guh/jyeh jyeh

my boyfriend/girlfriend.
wǒde nán péngyǒu/nǚ péngyǒu

我的男朋友/女朋友

waw duh nahn pung yo/nyew pung yo

Can you suggest anything?
Nǐ néng tíchū shénme jiànyì ma?

你能提出什么建议吗?

Nee nung tee choo shumma jyan ee ma?

I'm just browsing, thanks.
Wǒ zhǐ shì liúlǎn, xièxiè.

我只是浏览,谢谢。

Waw jir shir lyo lahn, shyeh shyeh.

9

GOING BROKE

~~~~~~

That's ...
Nà ...
那 ...
Nah ..

nice.
hěn hǎo.
很好。
hun haow.

perfect.
bàng jíle.
棒极了。
bahng jee luh.

beautiful.
hěn měilì.
很美丽。
hun may lee.

lovely.
hěn kě'ài.
很可爱。
hun kuh eye.

ugly.
hěn nánkàn.
很难看。
hun nahn kahn.

hideous.
hěn chǒu'è.
很丑恶。
hun cho uh.

exquisite.
hěn jīngměi.
很精美。
hun jeeng may.

I like it.
Wǒ xǐhuān.
我喜欢。
Waw shee hwan.

I don't like it.
Wǒ bù xǐhuān.
我不喜欢。
Waw boo shee hwan.

Is it handmade?
Shì shǒugōng zhìzuò de ma?
是手工制作的吗?
Shir sho goong jir dzwaw duh ma?

May I try it on?
Wǒ kěyǐ shì chuān ma?
我可以试穿吗?
Waw kuh yee shir chwan mah?

How does this look?
Zhège kàn qǐlái zěnme yàng?
这个看起来怎么样?
Jay guh kahn chee lye dzumma yahng?

It doesn't look good on me.
Wǒ chuānshàng bùhǎokàn.
我穿上不好看。
Waw chwan shahng boo haow kahn.

Do you have something ...
Nǐ yǒu méiyǒu ...
你有没有...
Nee yo may yo ...

cheaper?
piányì de?
便宜的?
pyan yee duh?

fancier?
gèng huāqiào de?
更花俏的?
gung hwah chyaow duh?

in a bigger size?
gèng dà de?

更大的?

gung dah duh?

in a smaller size?
gèng xiǎo de?

更小的?

gung shyaow duh?

in a different color?
lìngwài yíge yánsè de?

另外一个颜色的?

leeng wye ee guh yan suh duh?

Is anything on sale?

Yǒu méiyǒu shénme zhéjià de?

有没有什么折价的?

Yo may yo shumma juh jyah duh?

Haggling

How much does this cost?

Zhège duōshǎo qián?

这个多少钱?

Jay guh dwaw shaow chyan?

That's ...

Nà shì ...

那是...

Nah shir ...

a bargain.
zhēn piányì.

真便宜。

jun pyan yee.

too expensive.
tài guì le.
太贵了。
tye gway luh.

a complete ripoff.
zǎi rén de jiàgé.
宰人的价格。
dzye run duh jya guh.

Can I get a lower price?
Néng bùnéng piányì diǎn'er?
能不能便宜点儿?
Nung boo nung pyan yee dyar?

I'll offer you half that.
Wǒ gěi nǐ yībàn de jiàqián.
我给你一半的价钱。
Waw gay nee ee bahn duh jyah chyan.

Paying

I have cash.
Wǒ yǒu xiànjīn.
我有现金。
Waw yo shyan jeen.

I don't have change.
Wǒ méiyǒu língqián.
我没有零钱。
Waw may yo leeng chyan.

Do you take ...
Nǐ shōu bù shōu ...
你收不收...
Nee sho boo sho ...

credit cards?
xìnyòngkǎ?
信用卡?
sheen yoong kah?

checks?
zhīpiào?
支票?
jir pyaow?

traveler's checks?
lǚxíng zhīpiào?
旅行支票?
lyew sheeng jir pyaow?

Can you wrap it for me?
Nǐ néng wéi wǒ bāo hǎo ma?
你能为我包好吗?
Nee nung way waw baow haow ma?

Can I get it shipped home?
Kěyǐ yóujì dào jiālǐ ma?
可以邮寄到家里吗?
Kuh yee yo jee daow jya lee ma?

Can I get it delivered?
Kěyǐ sòng huò shàng mén ma?
可以送货上门吗?
Kuh yee soong hwaw shahng mun ma?

The address is _____.
Dìzhǐ shì _____.
地址是 _____。
Dee jir shir _____.

I need to return this.
Wǒ bìxū bǎ zhège tuìdiào.
我必须把这个退掉。
Waw bee shyew bah jay guh tway dyaow.

10 Killing Time

Doing Nothing

What do you feel like doing?
Nǐ xiǎng zuò shénme?
你想做什么?
Nee shyahng dzwaw shumma?

Do you play ...
Nǐ _____ mā?
你 _____ 吗?
Nee _____ ma?

    cards?
    dǎpái
    打牌
    dah pye

    checkers?
    wán tiàoqí
    玩跳棋
    wahn tyaow chee

    chess?
    xià guójì xiàngqí
    下国际象棋
    shyah gwaw jee shyahng chee

    Chinese chess?
    xià Zhōngguó xiàngqí
    下中国象棋
    shyah Joong gwaw shyahng chee

mah jongg?
dǎ májiàng

打麻将

dah mah jyahng

I won.
Wǒ yíngle.

我赢了。

Waw eeng luh.

You lost.
Nǐ shūle.

你输了。

Nee shoo luh.

Let's play again.
Ràng wǒmen zài wán yīcì.

让我们再玩一次。

Rahng waw mun dzye wahn ee tsuh.

This is fun.
Zhè hěn hǎo wán'er.

这很好玩儿。

Jay hun how wahn.

You're learning fast.
Nǐ xué dé hěn kuài.

你学得很快。

Nee shyweh duh hun kwye.

You suck at this.
Nǐ zhēnde bùxíng.

你真的不行。

Nee jun duh boo sheeng.

~~~~~~~~~~~~~~~~~~~~~~~~~~~~~~

I just want to ...
Wǒ zhǐ xiǎng ...

我只想 ...

Waw jir shyahng ...

stay in.
dāi zài jiālǐ.
呆在家里。
dye dzye jyah lee.

relax.
fàng sōng yīxià.
放松一下.
fahng soong ee shyah.

sit at a café.
zài kāfēitīng zuò yīxià.
在咖啡厅坐一下.
dzye kah fay teeng dzwaw ee shyah.

go read somewhere.
zhǎo ge dìfāng kànshū.
找个地方看书。
jaow guh dee fahng kahn shoo.

go for a walk.
qù sànbù.
去散步。
chyew sahn boo.

The Beach

Let's go to the beach.
Wǒmen qù hǎitān ba.
我们去海滩吧。
Waw mun chyew hye tahn bah.

Where can I buy ...
Wǒ zài nǎ'er kěyǐ mǎi _____?
我在哪儿可以买 _____?
Waw dzye nar kuh yee mye _____?

a beach towel?
yītiáo shātān yùjīn?

一条沙滩浴巾?

ee tyaow shah tahn yew jeen?

a beach chair?
yī bǎ shātān yǐ?

一把沙滩椅?

ee bah shah tahn ee?

a beach umbrella?
yī bǎ shātān sǎn?

一把沙滩伞?

ee bah shah tahn sahn?

a swimsuit?
yī jiàn yǒngyī?

一件泳衣?

ee jyan yoong ee?

flip-flops?
rénzì tuōxié?

人字拖鞋?

run dzuh twaw shyeh?

sunscreen?
fángshài shuāng?

防晒霜?

fahng shye shwahng?

I need to put on sunscreen.
Wǒ xūyào túshàng fángshài shuāng.

我需要涂上防晒霜。

Waw shyew yaow too shahng fahng shye shwahng.

Am I getting burned?
Wǒ huì bèi shài shāng ma?

我会被晒伤吗?

Waw hway bay shye shahng ma?

You're getting burned.
Nǐ bèi shài shāngle.
你被晒伤了。
Nee bay shye shahng luh.

~~~~~~~~~~~~~~~~~~~~~~

You're ...
Nǐ ...
你...
Nee ...

tan.
shài hēile.
晒黑了。
shye hay luh.

sunburned.
bèi shài shāngle.
被晒伤了。
bay shye shahng luh.

really white.
zhēn bái.
真白。
jun bye.

Can you swim here?
Nǐ kěyǐ zài zhèlǐ yóuyǒng ma?
你可以在这里游泳吗?
Nee kuh yee dzye jay lee yo yoong ma?

Is there a lifeguard?
Yǒu jiùshēngyuán ma?
有救生员吗?
Yo jyo shung ywan ma?

How deep is the water?
Shuǐ yǒu duō shēn?
水有多深?
Shway yo dwaw shun?

Let's go swimming.
Wǒmen qù yóuyǒng ba.
我们去游泳吧。
Waw mun chyew yo yoong bah.

Come on in.
Xià shuǐ ba.
下水吧。
Shyah shway bah.

~~~~~~~~~~~~~~~~~~~~~~~~~~~~~~~~~~~

The water's ...
Hǎishuǐ ...
海水 ...
Hye shway ...

great.
hěn hǎo.
很好。
hun haow.

warm.
hěn wēnnuǎn.
很温暖。
hun wun nwan.

cold.
hěn lěng.
很冷。
hun lung.

shallow.
hěn qiǎnshuǐ.
很浅。
hun chyan shway.

deep.
hěn shēn.
很深。
hun shun.

rough.
bōtāo xiōngyǒng.
波涛汹涌。
baw taow shyoong yoong.

full of jellyfish.
chōngmǎnle shuǐmǔ.
充满了水母。
choong mahn luh shway moo.

teeming with sharks.
chōngmǎnle shāyú.
充满了鲨鱼.
choong mahn luh shah yew.

Don't swim out too far.
Bùyào yóu de tài yuǎn.
不要游得太远。
Boo yaow yo duh tyè ywan.

Let's go ...
Wǒmen qù ... ba.
我们去 ... 吧。
Waw mun chyew ... bah.

snorkeling
fú qiǎn
浮潜
foo chyan

scuba diving
shuǐ fèi qiánshuǐ
水肺潜水
shway fay chyan shway

fishing
diàoyú
钓鱼
dyaow yew

rent a boat
zū yī tiáo chuán
租一条船
dzoo ee tyaow chwan

rent a jet ski
zū yí bù mótuō tǐng
租一部摩托艇
dzoo ee boo maw twaw teeng

Where is the …
… zài nǎ'er?
… 在哪儿?
… dzye nar?

dock?
Mǎtóu
码头
Mah toe

dive shop?
Qiánshuǐ diàn
潜水店
Chyan shway dyan

marina?
Mǎtóu
码头
Mah toe

Can I rent … here?
Wǒ zài zhè'er kěyǐ zū _____ ma?
我在这儿可以租 _____ 吗?
Waw dzye jar kuh yee dzoo _____ mah?

equipment
shèbèi
设备
shuh bay

a wetsuit
yī jiàn qiánshuǐ yī
一件潜水衣
ee jyan chyan shway ee

mask
yíge qiánshuǐ miànjù
一个潜水面具
ee guh chyan shway myan jyew

Sports

Do you like to ...
Nǐ xǐhuān _____ ma?
你喜欢 _____ 吗?
Nee shee hwahn _____ ma?

play sports?
cānjiā tǐyù huódòng
参加体育活动
tsahn jya tee yew hwaw doong

play soccer?
tī zúqiú
踢足球
tee dzoo chyo

play tennis?
dǎ wǎngqiú
打网球
dah wahng chyo

play basketball?
dǎ lánqiú
打篮球
dah lahn chyo

play golf?
dǎ gāo'ěrfū qiú
打高尔夫球
dah gaow are foo chyo

swim?
yóuyǒng
游泳
yo yoong

bike?
qí zìxíngchē
骑自行车
chee dzuh sheeng chuh

jog?
mànpǎo
慢跑
mahn paow

ski?
huáxuě
滑雪
hwah shyweh

do yoga?
zuò yújiā
做瑜伽
dzwaw yew jyah

go sailing?
hángxíng
航行
hahng sheeng

go ice skating?
liūbīng
溜冰
lyo beeng

go diving?
qiánshuǐ
潜水
chyan shway

go horseback riding?
qímǎ
骑马
chee mah

I'm not very good at this.
Wǒ duì zhège búshì hěn shàncháng.
我对这个不是很擅长。
Waw dway jay guh boo shir hun shahn chahng.

You're great!
Nǐ hěn bàng!
你很棒!
Nee hun bahng!

Let's race to the end.
Ràng wǒmen jìngsài dào zuìhòu.
让我们竞赛到最后。
Rahng waw mun jeeng sye daow dzway ho.

This is fun.
Zhège hěn hǎo wán'er.
这个很好玩儿。
Jay guh hun how wahr.

I'm tired.
Wǒ lèile.
我累了。
Waw lay luh.

I'd like to go to the gym.
Wǒ xiǎng qù jiànshēn fáng.
我想去健身房。
Waw shyahng chyew jyan shun fahng.

Is there a gym around here?
Zhè fùjìn yǒu jiànshēn fáng ma?
这附近有健身房吗?
Jay foo jeen yo jyan shun fahng mah?

Do you have ...
Nǐmen yǒu _____ ma?
你们有_____吗?
Nee men yo _____ mah?

free weights?
zìyóu zhòngliàng
自由重量
dzuh yo joong lyahng

cardio equipment?
xīnzàng qìxiè
心脏器械
sheen dzahng chee shyeh

a pool?
yóuyǒngchí
游泳池
yo yoong chir

a sauna?
sāngná
桑拿
sahng nah

a treadmill?
pǎobù jī
跑步机
paow boo jee

aerobics?
yǒu yǎng yùndòng
有氧运动
yo yahng yewn doong

personal trainers?
sīrén jiàoliàn
私人教练
suh run jyaow lyan

exercise classes?
duànliàn kèchéng
锻炼课程
dwan lyan kuh chung

How much is it a ...

_____ duōshǎo qián?

_____多少钱?

_____ dwaw shaow chyan?

day?	Měitiān	每天	May tyan
week?	Měi zhōu	每周	May joe
month?	Měi yuè	每月	May yweh
year?	Měi nián	每年	Mei nyan

Renting a Car

Where can I rent a car?
Wǒ zài nǎ'er kěyǐ zū yīliàng chē?
我在哪儿可以租一辆车?
Waw dzye nar kuh yee dzoo ee lyahng chuh?

What's the daily rate?
Měi rì zūjīn duōshǎo?
每日租金多少?
May ir dzoo jeen dwaw shaow?

How much is insurance?
Bǎoxiǎn duōshǎo?
保险多少?
Baow shyan dwaw shaow?

Here's my license.
Zhè shì wǒde jiàshǐ zhízhào.
这是我的驾驶执照。
Jay shir waw duh jyah shir jir jaow.

There's a dent in it.
Wǒde chē yǒu yíge āo hén.
我的车有一个凹痕。
Waw duh chuh yo ee guh aow hun.

The paint is scratched.
Yóuqī bèi huà shāng.
油漆被划伤。
Yo chee bay hwah shahng.

Where can I buy gas?

Wǒ zài nǎ'er kěyǐ mǎi dào qìyóu?

我在哪儿可以买到汽油？

Waw dzye nar kuh yee mye daow chee yo?

stop	tíng	停	*teeng*
yield	lǐràng	礼让	*lee rahng*
one-way	dān xíng lù	单行路	*dahn shyahng*
detour	chēliàng gǎidào	車輛改道	*chuh lyahng gye daow*
toll	shōufèi	收费	*sho fay*
parking	tíngchē	停車	*teeng chuh*

The Outdoors

Do you know good places for ...

Nǐ zhīdào _____ de hǎo dìfāng ma?

你知道_____的好地方吗？

Nee jir daow _____ duh haow dee fahng mah?

hiking?
yuǎnzú

远足

ywan dzoo

mountain biking?
shāndì qí xíng

山地骑行

shahn dee chee sheeng

rock climbing?
pānyán

攀岩

pahn yan

seeing animals?
kàn dòngwù

看动物

kahn doong woo

I need to rent ...
Wǒ xūyào zūyòng
我需要租用 ...
Waw shyew yaow dzoo yoong ...

a tent.
yíge zhàngpéng.
一个帐篷。
ee guh jahng pung.

a sleeping bag.
yíge shuìdài.
一个睡袋。
ee guh shway dye.

hiking boots.
yìshuāng dēngshān xuē.
一双登山靴。
ee shwahng dung shahn shyweh.

a flashlight.
yíge shǒudiàntǒng.
一个手电筒。
ee guh sho dyan toong.

a backpack.
yīgè bēibāo.
一个背包。
ee guh bay baow.

a mountain bike.
yī liàng shāndì zìxíngchē.
一辆山地自行车。
ee lyahng shahn dee dzuh sheeng chuh.

a canteen.
yíge shuǐhú.
一个水壶。
ee guh shway hoo.

Do you have trail maps?
Nǐ yǒu shān lù dìtú ma?
你有山路地图吗?
Nee yo shahn loo dee too ma?

Is this trail ...
Zhè tiáo shānlù ... ma?
这条山路 ... 吗?
Jay tyaow shahn loo .... ma?

hard?	nánzǒu	难走	*nahn dzo*
easy?	hǎo zǒu	好走	*haow dzo*
hilly?	dǒu	陡	*doe*
flat?	píngtǎn	平坦	*peeng tan*
well-marked?	biāojì qīngchu	标记清楚	*shir fun shyan juh*
scenic?	fēng jǐng měi	风景美	*fung jeeng may*
long?	cháng	长	*chahng*
short?	duǎn	短	*dwahn*
grueling?	zǒu qǐlái hěn lèi	走起来很累	*dzo chee lye hun lay*

Is the water safe to drink?
Zhè de shuǐ yǐnyòng ānquán ma?
这的水饮用安全吗?
Jay duh shway een young ahn chwan ma?

What's the weather _____ supposed to be like?

_____ de tiānqì huì zěnme yang?

_____ 的天气会怎么样?

_____ *duh tyan chee hway dzumma yahng?*

today
Jīntiān
今天
Jeen tyan

tomorrow
Míngtiān
明天
Meeng tyan

this week
Zhège xīngqī
这个星期
Jay guh sheeng chee

this weekend
Zhège zhōumò
这个周末
Jay guh jo maw

Is it supposed to ...

Huì _____ ma?

会 _____ 吗?

Hway _____ mah?

rain?
xià yǔ
下雨
shyah yew

snow?
xià xuě
下雪
shyah shweh

storm?

yǒu bào fēng yǔ /xuě

有暴风雨/雪

yo baow fung yew/shweh

get cold?

biàn lěng

变冷

byan lung

get hot?

biàn rè

变热

byan ruh

Is it supposed to get below freezing?

Wēndù huì jiàng dào bīngdiǎn yǐxià ma?

温度会降到冰点以下吗？

Wun doo hway jyahng daow beeng dyan ee shyah mah?

11 Staying Healthy

Ailments

I don't feel well.
Wǒ gǎnjué bú shūfú.
我感觉不舒服。
Waw gahn jweh boo shoo foo.

My ... hurts.
Wǒ de _____ téng.
我的_____ 疼。
Waw duh _____ tung.

head	tóu	头	*toe*
stomach	dùzi	肚子	*doo dzuh*
throat	hóulóng	喉咙	*ho loong*
ear	ěrduō	耳朵	*are dwaw*
tooth	yáchǐ	牙齿	*yah chir*
neck	bózi	脖子	*baw dzuh*
back	yāo	腰	*yaow*
feet	jiǎo	脚	*jyaow*

That hurts.
Nà'er téng.
那儿疼。
Nar tung.

I have pain here.
Wǒ zhè'er téng.
我这儿疼。
Waw jar tung.

I feel ...
Wǒ gǎnjué ...
我感觉…
Waw gahn jweh ...

> **better.**
> hǎo yīdiǎnr le.
> 好一点儿了。
> *haow ee dyar luh.*

> **worse.**
> gèng zāogāo.
> 更糟糕。
> *gung dzaow gaow.*

> **faint.**
> tóu yūn.
> 头晕。
> *toe yewn.*

> **weird.**
> guàiguài de.
> 怪怪的。
> *gwye gwye duh.*

> **dizzy.**
> tóuyūn.
> 头晕。
> *toe yewn.*

> **nauseous.**
> ěxīn.
> 恶心。
> *uh sheen.*

I ...
Wǒ ...
我 ...
Waw ...

> **have a cold.**
> gǎnmào le.
> 感冒了。
> *gahn maow luh.*

> **have a fever.**
> fāshāo le.
> 发烧了。
> *fah shaow luh.*

> **have chills.**
> fā lěng.
> 发冷。
> *fah lung.*

> **have diarrhea.**
> lādùzi.
> 拉肚子。
> *lah doo dzuh.*

> **threw up.**
> tǔle.
> 吐了。
> *too luh.*

I think I broke my ...
Wǒ xiǎng wǒ nòngduàn le wǒde ...
我想我弄断了我的 ...
Waw shyahng waw noong dwan luh waw duh ...

arm.	shǒubì.	手臂。	*sho bee.*
finger.	shǒuzhǐ.	手指。	*sho jir.*
wrist.	shǒuwàn.	手腕。	*sho wahn.*
toe.	jiǎozhǐ.	脚趾。	*jyaow jir.*
ankle.	jiǎo huái.	脚踝。	*jyaow hwye.*
foot.	jiǎo.	脚。	*jyaow.*

leg.	tuǐ.	腿。	tway.
rib.	lèigǔ.	肋骨。	lay goo.
collarbone.	suǒgǔ.	锁骨。	swaw goo.

Is it broken?
Shì duànle ma?
是断了吗?
Shir dwan luh mah?

Is it infected?
Shì gǎnrǎnle ma?
是感染了吗?
Shir gahn rahn luh mah?

Medicine and Prescriptions

I ran out of medicine.
Wǒ bǎ yào yòng wán le.
我把药用完了。
Waw bah yaow yoong wahn luh.

I need a refill.
Wǒ xūyào zài cì qǔ wǒde chǔfāng yào.
我需要再次取我的处方药。
Waw shyew yaow dzye tsuh chyew waw duh choo fang yaow.

I need a new prescription.
Wǒ xūyào yíge xīn de chǔfāng.
我需要一个新的处方。
Waw shyew yaow ee guh sheen duh choo fahng.

I'm allergic to ...
Wǒ duì _____ guòmǐn.
我对_____过敏。
Waw dway _____ gwaw meen.

Ibuprofen.
bù luò fēn
布洛芬
boo law fun

penicillin.
qīngméisù
青霉素
cheeng may soo

aspirin.
āsīpīlín
阿司匹林
ah suh pee leen

bee stings.
mìfēng dīngyǎo
蜜蜂叮咬
mee fung deeng yao

nuts.
jiānguǒ
坚果
jyan gwaw

shellfish.
bèi lèi
贝类
bay lay

~~~~~~~~~~~~~~~~~~~~~~~~~~~~~~~~~~

I'm diabetic.
Wǒ shì tángniàobìng rén.
我是糖尿病人。
Waw shir tahng nyaow beeng run.

I have asthma.
Wǒ yǒu xiāochuǎn.
我有哮喘。
Waw yo shyaow chwan.

Toiletries

I need to buy ...
Wǒ xūyào mǎi ...
我需要买 ...
Waw shyew yaow mye ...

> **band-aids.**
> chuāngkětiē.
> 创可贴。
> *chwahng kuh tyeh.*

> **sunscreen.**
> fángshài shuāng.
> 防晒霜。
> *fahng shye shuāng.*

> **toothpaste.**
> yágāo.
> 牙膏。
> *yah gaow.*

> **toothbrush.**
> yáshuā.
> 牙刷。
> *yah shwah.*

> **a razor.**
> tìxū dāo.
> 剃须刀。
> *tee shyew daow.*

> **shaving cream.**
> tìxū gāo.
> 剃须膏。
> *tee shyew gaow.*

> **makeup.**
> huàzhuāng pǐn.
> 化妆品。
> *hwah jwahng phw.*

tampons.
wèishēng miántiáo.
卫生棉条。
way shung myan tyaow.

a hairbrush.
fà shuā.
发刷。
fah shwah.

new glasses.
xīn yǎnjìng.
新眼镜。
sheen yanjeeng.

new contact lenses.
xīn de yǐnxíng yǎnjìng.
新的隐形眼镜。
sheen duh yeen sheeng yan jeeng.

contact lens solution.
yǐnxíng yǎnjìng róngyè.
隐形眼镜溶液。
yeen sheeng yan jeeng roong yeh.

Emergencies

Save my life!
Jiù mìng!
救命!
Jyo meeng!

Go away!
Zǒu kāi!
走开!
Dzo kye!

Leave me alone!
Bié dǎrǎo wǒ!
别打扰我!
Byeh dah raow waw!

Thief!

Zéi!

贼！

Dzay!

It's an emergency.

Zhèshì jǐnjí zhuàngkuàng.

这是紧急状况。

Jay shir jeen jee jwahng kwahng.

Call the police!

Bàojǐng!

报警！

Baow jeeng!

Call an ambulance!

jiào jiùhù chē!

叫救护车！

Jyaow jyo hoo chuh!

Call a doctor!

Dǎ diànhuà jiào yīshēng!

打电话叫医生！

Dah dyan hwah jyaow ee shung!

Please help me.

Qǐng bāng bāng wǒ.

请帮帮我。

Cheeng bahng bahng waw.

I'm lost.

Wǒ mílùle.

我迷路了。

Waw mee loo luh.

Crime

I was mugged.

Wǒ bèi qiǎngjiéle.

我被抢劫了。

Waw bay chyahng jyeh luh.

I was assaulted.
Wǒ bèi ōudǎ le.
我被殴打了。
Waw bay oh dah luh.

I lost my ... / Someone stole my ...
Wǒ diūle wǒde ... / Yǒurén tōu zǒule wǒ de ...
我丢了我的…/有人偷走了我的 …
Waw dyo luh waw duh ... / Yo run toe dzo luh waw duh ...

passport.
hùzhào.
护照。
hoo jaow.

wallet.
qiánbāo.
钱包。
chyan baow.

camera.
zhàoxiàngjī.
照相 机。
jaow shyahng jee.

cell phone.
shǒujī.
手机。
sho jee.

laptop.
bǐjìběn diànnǎo.
笔记本 电脑。
bee jee bun dyan naow.

glasses.
yǎnjìng.
眼镜。
yan jeeng.

luggage.
xínglǐ .
行李。
sheeng lee.

backpack.
bèibāo.
背包。
bay baow.

tour group.
(gēn diū) lǚyóu tuán.
(跟丢) 旅游团。
(gun dyo) lyew yo twahn.

mind.
(sàng shī) lǐzhì.
(丧失) 理智。
(sahng shir) lee jir.

virginity.
(shī qù) tóngzhēn.
(失去) 童贞。
(shir chyew) toong jun.

Grammar in Five Minutes

Pronouns

Here are some of the most important words you'll need to know in Chinese: the **personal pronouns**.

SINGULAR			
I	wǒ	*waw*	我
you (informal)	nǐ	*nee*	你
you (formal)	nín	*neen*	您
he/she/it	tā	*tah*	他/她/它

PLURAL			
we	wǒmen	*waw mun*	我们
we (informal)	zánmen	*dzah mun*	咱们
you (informal)	nǐmen	*nee mun*	你们
you (formal)	nínmen	*neen mun*	您们
they	tāmen	*tah mun*	他们/她们/它们

Note: Both third person singular and plural are pronounced the same. It is only by looking at the Chinese character that one can determine whether "ta" means "he, she, or it."

Politeness and Formality

Chinese speakers distinguish between formal and informal forms of "you" when addressing older people or those in positions of authority. To be on the safe side, use "nǐ" *(nee)* only when speaking with close friends or with children. Use "nín" *(neen)* when addressing anyone else, especially if they're older than you.

Gender and Tense

Students of Chinese are blessed with the lack of gender and tense distinctions. Pronouns remain the same, regardless of gender. Third person pronouns "he," "she," and "it" are all pronounced the same: tā *(tah)*. They are distinguishable only by the written word, which will have either a male, female, or animal component to the character. In spoken Chinese, however, since third person pronouns are all pronounced the same, they are distinguishable only by context.

Pinyin Sounds

Pinyin (literally "to spell the way it sounds"), China's official Romanization system since 1979, represents "initial" and "final" sounds of Chinese words, which may be counterintuitive for the average new speaker of Chinese when attempting to pronounce street signs or bathroom signs in China.

As a caveat, one should keep in mind that the examples given below represent only one out of many possible meanings for a word with that sound, since the same word said in a different tone will mean something else.

Initials

Of the 23 initial sounds in Mandarin—those that come at the beginning of a word and are always composed of consonants—only five are unique enough to the native speaker of English to require their own list of pronunciation below.

INITIAL	SOUND	EXAMPLE		
q	*ch*	qi	*(chee)*	energy
x	*sh*	xī	*(she)*	West
z	*dz*	zài	*(dzye)*	Indicates location (in, at, on, etc.)
c	*ts*	cài	*(tsye)*	food
zh	*jir*	zhǐ	*(jir)*	only

Finals

There are only six vowel sounds in Mandarin: a, o, e, i, u, and ǔ. However, these combine to create 36 unique final sounds.

FINAL	SOUND	EXAMPLE		
a	*ah*	tā	*(tah)*	he/she/it
ai	*eye*	tài	*(tye)*	too (much)
ao	*ow*	māo	*(maow)*	cat
an	*ahn*	lán	*(lahn)*	blue
ang	*ahng*	bang	*(bahng)*	to help

FINAL	SOUND	EXAMPLE		
o	*aw*	wǒ	*(waw)*	me/I
ong	*oong*	lóng	*(long)*	dragon
ou	*oh*	dōu	*(doe)*	all
e	*uh*	è	*(uh)*	hungry
ei	*ay*	lèi	*(lay)*	tired
en	*un*	mén	*(mun)*	door
eng	*ung*	mèng	*(mung)*	dream
er	*ar*	èr	*(are)*	two
i	*ee*	nǐ	*(nee)*	you
ia	*ya*	jiā	*(jyah)*	family or home
iao	*yaow*	jiào	*(jyaow)*	to call
ie	*yeh*	jiē	*(jyeh)*	street
iu	*yo*	jiā	*(jyo)*	nine
ian	*yan*	jiàn	*(jyan)*	to see
iang	*yahng*	jiāng	*(jyahng)*	river
in	*een*	jìn	*(jeen)*	near
ing	*eeng*	míng	*(meeng)*	bright
iong	*yoong*	xiōng	*(shyoong)*	fierce
u	*oo*	lù	*(loo)*	road
ua	*wa*	guà	*(gwah)*	to hang
uo	*waw*	duō	*(dwaw)*	many
ui	*way*	duì	*(dway)*	correct
uai	*why*	guài	*(gwye)*	strange
uan	*wan*	duǎn	*(dwahn)*	short
un	*wewn*	lún	*(lewn)*	wheel
uang	*wahng*	huáng	*(hwahng)*	yellow
ü	*yew*	lǜ	*(lyew)*	green
üe	*yweh*	lüè	*(lyew eh)*	slightly
üan	*ywan*	jüan	*(jywan)*	roll (spring roll)
ün	*yewn*	qün	*(chyewn)*	skirt

Tones

Chinese is a tonal language, regardless of which of the hundreds of dialects throughout the country one is speaking. Due to the great number of homophones, tones are the key to understanding the meaning of what is being said. Even so, any given syllable with a specific tone can also often have more than one meaning. Ultimately, it is only by looking at the written character that the meaning may be deduced. With spoken Chinese, meanings are largely gleaned from the context of what is being said.

Mandarin has four tones:

TONE	DESCRIPTION	EXAMPLES OF HOW IT WOULD SOUND IN ENGLISH	TONE MARK
1st	High level	Ta Da-a-a-ah!!	ā
2nd	Rising	Huh?	á
3rd	Dipping then rising	Say WHAT?	ǎ
4th	Falling	Oh.	à

Most Common Verbs

ENGLISH	PINYIN	PRONUNCIATION	
To have	yǒu	*yo*	(3rd tone)
To not have	méiyǒu	*may yo*	(2nd tone, 3rd tone)
To be	shì	*shir*	(4th tone)
To not have (or: It isn't)	bú shì	*boo shir*	(2nd tone, 4th tone)

Interrogative Pronouns

The following are basic "question words" in Chinese:

ENGLISH	PINYIN	PRONUNCIATION
Who/whom	shéí	*shay*
Whose	shéí de	*shay duh*
What	shénme	*shumma*
Which	nǎge	*nah guh*
Where	nǎ'er	*nar*

Acknowledgments

This book is dedicated to my mother, Marilyn, and Cousin Michael, both of whom share my love of an easy read and a reference book just an arm's length away. It is also in loving memory of Uncle Joe (Dr. Joseph Rothenstein), who always told me to keep it short.

Special thanks go to Chris Barsanti, senior (and extremely patient) editor at Fall River Press, dedicated copy editor Xin Meng, and to longtime friend and State Department linguist, Wen Yang, whose ideas for yet more colloquial expressions somehow found their way into this book.